100億円企業を
作りまくった
超プロが教える

年商5億円の「壁」のやぶり方

坂本桂一

CrossMedia Publishing

はじめに

五年、五億、五十人の壁。

年商五億円の壁を破るとは、この壁を乗り越えることです。

〝坂本さん、どうしたら年商一千億円の会社がつくれるのでしょうか？　私には想像もつかない〟

〝年商五億円で止まってしまってるんです。毎日苦しいだけです。大きくなれる会社とどう違うのでしょうか？〟と質問されます。

華々しくスタートしたベンチャー企業や、大企業をやめて思い切って起業したビジネスが苦労のかいあって、なんとか年商五億円に行き着いた。

順調に成長しスタート後五年、ところが一転そこで売上の伸びが止まってしまう。

従業員も五十人近くに増え、人もかなり入れ替わって、最近の新人は名前もよく知らない。

そこにまた新人が入ってくる。仕事量は増えているので、人数は必要だが、人件費の増大の方が激しく前ほど利益が出ない。能率はかなり落ちているようだ。

営業部長もいるが、自分が先頭に立ってやっていたときほど成約率は高くない。

社長自ら、最近立ち上げたセクションはやっと目鼻がついた、ところがその間に、元のビジネスががたがた。売上はむしろ減少気味。

今度はそちらを立て直しに行くが、その間にニュービジネスの方がだめになる。

新製品のアイデアは私が出したものばかり、誰か代わりはできないのか?

資金繰りがよく見えない。取引先が増えたから、売掛のサイトもバラバラだし。儲かっているはずだが？ 在庫も増えているし。

結局、売上も増えず、ナンバー2はまだ頼りにならず、右往左往を繰り返す。成長の限界点。

よくいわれる五年、五億、五十人の壁！

壁は突然やって来ます。今まで最高にうまくやってこれたのに、です。

自分で起業して、うまくスタートすることはすごく難しい。創業期にほとんど撤退を余儀なくされる。努力が身を結びその関門を乗り越えて、やっとここまで来たのに。

テレビで青年実業家、セレブと呼ばれている、年商二億円の社長なんてよく見ませんか？　ところが、自分は頑張ってそれ以上、年商五億円まで持ってきた。けれどその後がタダ働きみたいな。働いても働いても、売上が伸びず利益も出ないじゃ何のために今日まで頑張ってきたのかわかりません。

世の中には、年商何百億円になった会社は、もちろんたくさんあります。

実は、そういう会社の運営は、年商五億円の会社と全く違うのです。したがって、残念ながら、今までの運営方針を全く変えられるか、考え方を１８０度変えられるかどうかで、これから大きな壁を越えられるかどうかが決定します。

壁を越えて成長できた会社の社長が誰でも知っている道理ですが、それに気づくかどうかは、たいてい本人の努力と、偶然に支配されているのです。

つまり、気づかないために壁を乗り越えられない危険性すらあるのです。

私がソフト会社を運営しているときでも、現実に、ライバル会社のほとんどは年商五億円の壁を越えられずにいました。起業して最初うまくいったとき誰もがぶつかる壁なのです。

この本はその秘密を、秘密でなくするために、できるだけわかりやすく、なぜそうなるかと、どう対処したらいいかについて述べています。テーマとしては余り多く取り上げられていないようで、起業していない人にとっても面白いテーマなのではないかと思います。あの家電量販はなぜ成長し、他の店は成長しないのか、あの居酒屋チェーンはなぜ成長し、他はなぜだめなのか？

現実に、あの家電量販の社長の意見も取り入れています。

ここでいう、五年、五億、五十人というのはもちろん厳密ではありません。けれど、起こりそうな数字ではあります。それも同時に。

この数字については、意味で捉えて、初期の運営モデルが通用しなくなったときの壁と考えてください。

本文中にも出てきますが、私が最初に運営したソフト会社は見事にこの罠にはまってしまいました。苦労して、奇跡的に生き残りましたが、他の会社の社長に聞いてみると（あの有名社長も）皆同じようなことで苦労したようです。

ぜひこの本に書かれているような視点で見なおしてみてください。何かの糸口になるかもしれません。

私の場合は、この本に書かれているように反省して、後に創業した会社はほとんど、この壁を感じずにすみました。経験がいくらか役に立ったようです。

数字が出てきて、少しややこしいところもありますが、読みにくかったら読み飛ばして、あとから読んでみてください。

うまく創業できた人、素晴らしい能力の持ち主が、別のスケールでビジネスできるようになるための手助けになれば幸いです。

第5章
年商5億円の「壁」のやぶり方
IPO編

第6章
年商5億円の「壁」のやぶり方
M&A編

第9章　経営者編

年商5億円の「壁」のやぶり方

エピローグ

構成◎山口雅之

第1章

なぜ、年商5億円の壁にぶつかるのか

年商五億円の見えない壁

私はこれまで百を超える会社を立ち上げ、経営してきました。失敗も多々ありますが、そのなかにはアドビシステムズ（旧アルダス）、ウェブマネーのように、大きな会社となり、年商一千億円にも近づき業界のリーディングカンパニーに育ったところもあります。

また、かつて私の下で働き、後に起業して自ら経営者になった人も少なくありません。

ソフトウェア業界の黎明期、同時代に一緒に仕事をした孫正義、西和彦、成毛眞、古川享、原田泳幸、工藤裕司、工藤浩各氏たちが、どのような過程を経て現在に至ったのかも目の当たりにしてきました。

さらに、この七年間はコンサルタントとして、経営のアドバイスや企業内での新規事業立ち上げの指導などを行っており、これもまた大小さまざまな会社を内部から見る絶好の機会になっています。

そんな私はいつのころからか、企業経営に関してある仮説をもつようになりました。それは、**「会社には経営の仕方を変えなければならない時期が必ずくる」ということです。**

具体的にいうと、「創業五年目、年商五億円、従業員五十人」がそれにあたります。もっとも、この三つは別々に訪れるのではなく、ほぼ時期が重なるので、実際には年商が五億円に近づくあたりが大きな転換期になるということです。そして、不思議なことに、この五億円というのは業種や業界にはあまり関係ありません。

ただし、渦中にいる人は、いまが転換期だということになかなか気づくことができないのです。それはそうでしょう。

ソフトウェアハウスでも建築事務所でもラーメン屋でも、自分でそれを起こし経営を軌道に乗せるのは、決して簡単なことではありません。

起業家セミナーなどで講演をした後に参加者たちと話をすると、ほぼ全員が、自分の事業は必ず成功するものとあまりにあっけらかんと信じているので、いつも私はびっくりしてしまいます。

十の新規事業があれば、成功するのはそのうちせいぜい一つか二つ。つまり八社は失敗するのです。そんなものは私が説明しなくても、あなたの家の近くの商店街をみれば一目瞭然でしょう。新しくオープンした喫茶店やマッサージ店が、三年後も繁盛しているケースはまれで、ほとんどは三年も経てば別の店になっているというのが現実なのです。

もちろん景気の影響というのもありますが、むしろ景気にかかわらず新規事業が成功する確率というのは、その程度のものなのだと思っていたほうがいい。

事業というのは、秀逸なアイデアや独創的な着想さえあればそれだけでうまくいくという、そんなに単純なものではないのです。そのあたりのことは自著『新規事業がうまくいかない理由』（東洋経済新報社）に詳しく書いたので、興味のある方はぜひ読んでみてください。

とにかく、自分が創業した会社が年商二億円や三億円を上げられるようになったら、それだけでもたいへんなことだといえます。

テレビや雑誌であたかもセレブのように紹介されている若手起業家も、実際は年商二億円程度の会社を経営している人が大半です。年商一千億円を超える世界を知っているものにいわせれば、いったいどこがセレブなのだろうと首をひねらざるを得ないというのが正直なところです。

それでも年商二億円を実現できる人というのは、そうそういるわけではありませんから、その意味ではたしかに彼らは称賛に値するし、メディアが彼らをもち上げても、まんざらおかしくはないといえます。

会社の業績は好調、周りはちやほやしてくれる、そういう状況に置かれれば、この先もこのままでいいのだとますます自信を深めるのは自然なことです。

だから、年商五億円が近づいて、突然売上の伸びが止まり、それと同時に会社のあちこちで急にさまざまな問題が発生し始めても、自分たちがやってきたことが通用しなくなっているとは夢にも思いません。これまでうまくいったのだから、同じやり方でもっと頑張れば乗り切れると考えてしまうのです。

その結果、かつて若きセレブともてはやされ、いずれ百億円、一千億円の売上を誇る大会社の社長になるのは既定の事実だと信じていた人も、その多くは年商五億円という見えない壁の前で力尽きてしまいます。

言葉を換えれば、そこには壁があって、その壁を乗り越えるにはこれまでのやり方を捨て、新しい仕事の手法や経営スタイルを構築しなければダメなのだということを知っている人だけが、その先の世界に足を踏み入れることができるのです。

年商五億円までは社長の営業力

なぜ年商五億円で経営スタイルを変えなければならないのでしょうか。それは、そのあたりで会社という組織の性質が劇的に変わるからです。

砂を例に考えてみましょう。

よく管理された公園の砂場は、子どもたちにとって格好の遊び場です。食べられないとか、目に入ると痛いとか、水を含ませると固まるとか、そういう基本的なことを知っていれば、学校に上がる前の小さな子どもたちでも、十分砂遊びを楽しむことができます。

それでは、砂漠はどうですか。雨が降らないので水が乏しく、昼間は高温で夜になると一気に気温が下がる砂漠は、人に対して決して優しい場所ではありません。公園の砂場も砂漠も構成要素は同じ砂粒のはずなのに、これはいったいどういうことなのでしょう。

要するに、砂というのは量や外的環境によって性質が変わってしまうのです。そして、性質が変われば当然対処の仕方も異なります。いくら砂場で楽しく遊ぶ方法を知っていても、砂漠での過ごし方を知らなければその人は、砂漠に放り出されたら最後、あっという間に命を落としてしまうに違いありません。

会社というのも、これとまったく同じだと思ってください。**年商一億円のときにうまくいったやり方が通用するのは、せいぜい年商五億円まで。五億円を超えると会社としての性質が変わってしまうので、同じやり方で十億円、百億円の売上を上げることはできないし、一時的にそれが達成できたとしても、年商一億円のときの経営スタイルでは会社がもたないので、長続きしないのです。**

性質の違いがもっとも端的に現れるのが営業です。年商五億円あたりまで順調にきた会社の最大の要因は社長の営業力だといっていいでしょう。これはどんな業界のどんな会社でも同じ、まず例外はありません。

これは逆に考えてみればよくわかります。会社を創ったはいいがその人に営業力がなければ、その会社は市場から相手にされないか、とっくに淘汰されているはずだからです。

たとえば、脱サラしてラーメン屋を始めた人がいるとしましょう。成功のカギを握るのは間違いなく営業力です。どんなに美味しいラーメンをつくる技術がその人にあったとしても、それだけではラーメン屋の経営はできません。

どうすれば自分のところの商品が売れて利益が出るかを考えられないようなら、適正な仕入れもできなければ、人も雇えない。商品の質がよければ顧客が向こうからやってきて、勝手にお金を置いて帰るなどということは、どんな商売でもあり得ないのです。

だから、脱サラして会社を起こし、いま年商が二、三億円というならその人は、間違いなく類まれな営業力の持ち主だといえます。

しかし、どんなに営業力があっても、個人が叩き出せる数字にはやはり限界がある。それが年商五億円です。これから年商十億円、百億円と売上を伸ばしていこうと考えるなら、他の社員の営業力に頼らざるを得ません。

とはいっても、それまで地道に自分に次ぐ営業マンを育ててきたなら別ですが、プレーイングマネージャーとして第一線でバリバリ活躍していた社長は、そんなことはやってきていないはずです。

また、会社を創業したてのころは人数も少なかったので、社長の働く姿を見ることで社員が自動的に育ちましたが、年商五億円近くなると社員数も五十人前後になっているはずです。そうするとなかには顔を見ても名前が出てこない人も出てくる。ましてや一人ひとりに社長のビジョンやスキルが伝わっているとは考えにくいといえます。

そこで、社長は慌てて営業のテコ入れに走るのですが、たいていはうまくいきません。

出版社ならこんな具合です。好調なのは社長自らが営業に歩くビジネス書部門だけで、もうひとつの柱であるハウツー本はあまり売れていなかった。それで社長はハウツー本の立て直しに入る。そうするとその部門の業績はよくなるものの、今度はビジネス書の売上が下がってくる、慌ててビジネス書に戻ると、今度はせっかくよくなったハウツー本が元に戻ってしまう。

つまり、手っ取り早く売上を伸ばそうとすると、営業力のある社長が第一線に立つのがいちばん確実なので、社長が自分で売ってしまう。だから、いつまで経っても他の営業が育たないのです。

かといって社長が営業を育てることに専念すれば、その間の売上を犠牲にしなければなりません。それは、自分が営業に歩けば確実にとれる数字をみすみす放棄するということですから、たいていは我慢できず、気がつけば「なんでウチの会社には優秀な人間がいないんだ」と文句をいいながら、今日も社長が現場を飛び回って商談をまとめているということになってしまうのです。

五億円の壁を越えるにはここを変える

年商五億円の壁を越えるには、なんといっても爆発的な営業力をもった社長の売上が大部分を占めるという体制から、たとえ社長が営業に歩かなくても、他のメンバーが十分な売上をもってこられる体制に、営業部門をつくりかえるということをやらなければなりません。

それには、社内でもっとも営業力のある社長の考え方や営業スキルを、営業部門の人間全員が共有する仕組みを内部にもつ必要があります。

それから、社長以外に社長と同じ働き方ができる人間が社内に複数いるというのも、年商五億円を超えて五十億円、百億円を目指すなら必須条件です。

そして、そのカギを握るのが人材。〝ベンチャー企業に来る人なんてたかが知れている〟とか、〝大企業並みの条件が用意できるはずもないから、人材の質に関しては妥協せざるを得ない〟とかいっている場合ではありません。

世の中にはいたるところに優秀な人材が隠れています。そういう人をありとあらゆる手段で発掘し、片っ端から声をかけ、どんどん社員にしていく。そして、入社後は徹底的に鍛え上げ、脱落したらその分は瞬時に補充していくというサイクルをつくりあげるのです。

間接部門の強化も忘れてはなりません。年商五億円まではどの会社、どんな社長も、どうやって売上を伸ばすかで必死のはずですから、間接部門のことなど頭にないと思います。

しかしながら、年商五億円を超えるとそうはいかなくなります。なぜなら間接部門の能力が、下手すれば社長の営業力以上に、会社の業績に影響を与えるようになってくるからです。

とくに経理部門に力があるかどうか、もっと具体的にいうなら、必要に応じてマネーマーケットから資金調達ができるだけのノウハウをもっていないようなら、その会社が年商五十億円、百億円に育っていくのは難しいといえます。

また、年商五億円を超えるためには、社長自身もまた、それまでの自分から、年商五十億円、百億円、あるいはそれ以上の会社の社長に値する人間に変わることを求められるということも知っておくべきです。

年商五億円までは、社長の営業力でなんとかなるといいました。しかし、実際には、それほどの営業力をもっている人はそういません。それを可能にした社長は、それだけでもたいしたものなのです。そして、社長自身もまた、自分の能力やビジネス・スキルに自信とプライドをもっていることでしょう。

けれども年商五十億円、百億円の会社を創るときには、その自信とプライドが邪魔になるのです。

社員一人ひとりの心をつかみ、同じ方向に足並みをそろえて進ませるためには、時に社員の前で自分の弱みや見せたくない本音をもさらすことも必要になってきます。それは、それまで自分のことを成功者だと位置づけていた社長にとっては美学に反することだし、苦痛のはずです。

私は、年商五億円を境に社長はそれまでの自分と決別し、魂を入れ替えるべきだと思っています。その覚悟がなければ、その他の部分をどんなに整備しようが、壁を乗り越えるのは無理だといっておきます。

今日に目をつぶり未来を考えられるか

起業した当初の社長の頭にあるのは、どうやって売上を増やし利益を出すかだけです。黒字化するまでは、それこそ毎日寝る時間もないのが普通の状態だといっていいでしょう。

そして、会社がどうにか黒字化し軌道に乗ってくると、今度は売上と利益の規模をいまよりさらに大きくすることが課題となります。この時期の社長はまだ現場の最前線で、既存の顧客をフォローしながら新規開拓にも歩き回っているはずです。

やがて年商が五億円に近づいてくると、気がつけば社員も五十人規模になっていて、社内で名前を知らない人間を見かけるようになります。

この状態から、さらに会社の規模を拡大していきたいと思っているなら、社長はそれまでのやり方や考え方を、いったんオールクリアしなければなりません。

たとえば、これまでは、大口の商談は社長自らが出向き話をまとめるのが当たり前だったでしょう。必要なら、それをやめるのです。

また、商品開発や販売戦略なども、社長が考え自ら先頭を走り、その後ろを社員がついていくという形をやめる。

たしかに、社内では創業社長が他の誰よりも営業力や企画力があるのでしょうから、売上と利益の最大化が会社にとっての至上命題なら、大口の商談は社長が出ていくべきだし、また社員の誰よりも社長の企画やアイデアを優先したほうが、いい結果に結びつくのも間違いありません。

しかし、それでは社長のキャパシティーがそのまま会社の限界ということになってしまいます。いってみればそれが年商五億円の壁なのです。そして、何から何まで社長頼みというその体質を改善しなければ、そこから先に行くことはできません。だからオールクリアなのです。

それは、**これまでのように今日の売上を最優先するのをやめて、その分の時間とお金とエネルギーを、将来会社が年商五十億円、百億円になるために必要なことのほう**

に投下する、さらに言葉を換えれば、持てる資源を現在ではなく、会社の未来に投資すると発想を転換することだともいえます。

たとえば、社長が自分で営業に出る回数を減らし、代わりに社員一人ひとりの声を聞く時間を増やす。なぜこれが未来への投資になるかわかりますか。

社員に新製品のアイデアを聞いても、出てくる大半はレベルが低く、箸にも棒にもかからないものかもしれません。ですが、それでいいのです。

今日の利益を最優先するという発想に立つなら、頭のキレる社長が卓越したアイデアを出し、社員がそれを実行するというほうが合理的に決まっています。

しかし、年商五十億円、百億円の会社にすることを考えたら、社長以外の社員からもヒット作のアイデアや、売上につながる企画がたくさん上がってくるようにしておかなければなりません。

それには、個々の社員がいつも考えているという社風を確立すればいいのです。ソニーやホンダがまさにそうじゃないですか。あるいはグーグルの二〇%ルール。勤務時間の二〇%は自分の好きな研究やシステム開発に充てていいというグーグルのこの制度は、まさに考えることには価値があると社員に教え、考える風土を社内に根付かせるために設けられていると私はみています。

社長が社員の考えを、たとえそれがどんなにくだらないものであっても、一つひとつ真剣に聞くというのは、おそろしく手間のかかる作業です。おそらくそんな面倒なことをしようなどという社長は、年商五億円以下の会社にはいないでしょう。

でも、年商五億円の壁を越えたいなら、それはやらざるを得ない。社員をソニーやホンダ、グーグルのような考える集団に変身させなければなりません。

それを未来への投資と考えられる社長だけが次のステージに進めるのです。

マーケットの声を聞くな、クレーマーの声は聞け

顧客からの要望を細かく商品に反映していけば、売れる商品になると考えるのは、年商五億円以下の会社の発想です。

顧客の声を聞いて商品化することのどこがいけないのか、わからない人はこういうふうに考えてみてください。

後発メーカーが新型の携帯電話を市場に投入するにあたり、どんな機能があったらいいか事前に市場調査をやったところ、上位にはカメラ、ビデオ、ＰＣブラウザ、防水、ワンセグ、国際ローミングが入った。そこでそれらの機能をすべて搭載したら、その携帯電話は売れると思いますか。

まず売れないでしょう。なぜならそれらの機能をもった携帯電話はすでに世の中に出回っているからです。しかもカメラがあると便利だけど携帯電話でビデオは撮らないという人にはビデオ機能は要らないし、メールと通話にしか使わない人は、ＰＣブラウザには何の魅力も感じません。

顧客の声を端から商品化していったら、行き着く先はオールインワンに決まっています。そして、オールインワンというのは誰も必要としていない商品なのです。

いま売れている商品、iPod（アイポッド）にしてもプリウスにしても、そこにはマーケットの声なんて入っていません。そこに詰まっているのはそれをつくった人たちの「知恵」なのです。

初期のiPodをみると、スペックは明らかに他のポータブル音楽プレイヤー以下でした。しかし、iTunesと連動するといった発想をもった競合商品はひとつとしてありませんでした。

iPodならiTunesのストアですぐにほしい曲が買えて、簡単にダウンロードできる。そういう他にはない魅力が満載でかつ、デザインも良かったからこそ、iPodは一気に市場を席巻することができたのです。
当時、iPodをつくれる技術のあるメーカーはいくつもありました。しかし、iPodを生み出せる知恵をもった会社はアップル以外なかったのです。

これからはますます知恵の競争になっていくでしょう。顧客がまだ気づいていない価値を次々と提供できないようでは、年商五億円の壁はとうてい越えられません。それには社長だけではなく、全社員が必死になって考え抜く、そういう文化を会社のなかに育てるよりほかないといっていい。

逆にいうなら、**考えることを放棄した会社に未来はないということです。顧客の声を大事にするというのは、一見もっともらしいものの、その実は思考停止と同じこと。つまり未来のない会社の典型だと思って間違いありません。**

むしろ耳を傾けるならクレーマーです。
近年、クレーマーという言葉が市民権を得てからというもの、多くの企業はしつこい客をクレーマーと分類し、安心して無視するようになりました。ところが、クレーマーの話は聞かなくていいと決めた途端、そこに商品開発のヒントがあるかもしれないということを忘れてしまうのです。

良心的な顧客の情報には耳を傾けるが、うるさいクレーマーの意見は聞かないという会社と、どんな情報も漏らさず貪欲に取り入れ商品開発のヒントにするという会社があれば、次のヒット商品は間違いなく後者から出てくるでしょう。

もちろん、クレーマーがいつも正しいといっているのではありません。勝つためにはありとあらゆることをやる、壁を越えるにはそういう気概が必要なのです。

自ら限界をつくらない

年商五億円の先に行くにはこれまでやってきたことを、うまくいっていることも含めて、すべて見直さなければならないということがおわかりいただけたでしょうか。

年商五億円までとそれより大きい会社とでは、経営やマネジメントのＯＳが異なるのです。こんなことは年商五十億円や百億円の会社の社長なら、みな理解していますが、創業から数年の年商五億円に届かない会社の社長で、この事実を知っている人はほとんどいないといっていいでしょう。

だからこそ、この本を読んでほしいのです。

それから、年商五億円という壁の周囲に、自分でさらに壁をつくるという愚を犯している人も少なくありません。この章の最後に、それを指摘しておきたいと思います。

売上を伸ばし会社を拡大するためには、当然社員の数も増やさなければなりません。そのとき問題になるのが人材の質。社長と同じ働きができる社員が何人いるかで、その会社の規模が決まるといっても過言ではないからです。

ところが、私がそういうと、多くの創業社長からは決まってこんな答えが返ってきます。

「やることはやっているが、結果が出ない」
「しょせんベンチャー企業には優秀な人材なんて来てくれない」

本当にそうでしょうか。そんなことはありません。

彼らの会社が優秀な人材を採用できないのはベンチャー企業だからでは決してない、なんとしても採用してやるという意欲が足りないだけなのです。

たとえば「やることはやっている」という社長にその内容を詳しく聞いてみると、大学に求人票を送り、求人誌に募集広告を出し、ヘッドハンティングの会社に登録するといったことくらいしかやっていない。私にいわせれば、そんなのは「やっている」うちに入りません。

私がサムシンググッドを経営していたときは、居酒屋の店員や会社に来る事務機の営業から他社の社長まで、とにかくこの人間は使えると思ったら「ウチで働かないか」と必ず声をかけていました。

また、東大の近くに研究室をつくり、そこに当時最新だったゼロックス社製の人工知能コンピュータを置いて、自由に使えるようにしておき、見学に来た東大生をリクルーティングしたこともあります。


要するに、会社が大きくなるために人が必要なら、どうすれば採用できるか自分たちで考えてアイデアを絞り出し、片っ端から試していけばいいのです。

ソフトバンクの孫正義氏が野村證券のエースだった北尾義孝氏を自分のところに迎え入れることに成功したのだって、常にそうしていたからにほかなりません。雑誌に広告を出したり、ヘッドハンターを使ったりするだけが求人の手段だなんて誰が決めたのですか。それこそが自分でつくった思い込みの壁なのです。

資金が足りないというのも同じこと。ソフトバンクがボーダフォンを買収できたのは、買収できるだけの資金的な余裕があったからではありません。買収に必要な金額を調達する方法を知っていた、ただそれだけのことです。

だから、もしあなたもそれを知っていて、なおかつ孫氏くらい実行力があったなら、理屈の上ではあなたがボーダフォンを買収していても、なにもおかしくはないといえます。

実際、マネーマーケットのことがわかっていれば、一ロット二十億円くらい調達するのは、決して難しいことではありません。

それに、ビル・ゲイツに十分な資金があったから、マイクロソフトをつくることができたなどという話は聞いたことがない。つまり、お金というのは事業の制約条件ではないのです。

他のリソースに関しても全く同じことがいえます。極端ないい方をすると、資金も工場もなく、社内にエンジニアすらいない会社でも、素晴らしいアイデアとそれを形にするノウハウさえあれば、自社ブランドのデジタルカメラを製造販売することは可能なのです。

トヨタだってパナソニックだって、社内に必要なすべてのリソースが用意されているなどということはあり得ません。どんな大企業だって足りないものはあります。その足りないものをどうやって知恵で補うかが勝負の分かれ目なのです。

次の章からはここで書いたことを、より詳しく解説していきます。もちろん、頭では理解できるけれど現実にはできないという人もいるかもしれません。それはそれでいいと思います。

年商五億円なんて冗談じゃない、俺は自分の会社を年商五十億円、百億円、一千億円にするんだと心の底から思っている人だけが、この本に書かれていることをやればいいし、またそういう人でなければとてもじゃないが実行できないでしょう。そう思って読んでいただけるといいと思います。

第2章

年商5億円の「壁」のやぶり方

組織編

社長は組織づくりのプロではない

社長を中心とした創業メンバーが必死で売上を伸ばし、手が足りなくなると必要に応じて社員を増やしていく。初期の会社というのは、だいたいこんな具合に大きくなっていきます。いくつか部署があっても、実質は社長が率いる営業部がひとつあるようなものだといっていいでしょう。

そして、年商五億円がみえてくるころになると、気がつけば社員の数もかなり増えて五十人近くになっている。こうなると、それまでスムーズにいっていた社内のさまざまなことが、だんだんとそうではなくなってきます。

社員が十数名のときは、社長が指示を出せばすぐ全員に伝わるし、社長が何を考えているかも社員はおおよそ理解しているので、いちいち説明しなくても大丈夫でした。ところが、社員数が五十を超えるとそういうわけにはいきません。入社して日の浅い社員は社長の性格も、営業スタイルもよく知らないので、社長の意思が以心伝心で届くと期待しても、土台それは無理なのです。

そこで、社長はようやく、「ウチもそれなりに大きくなってきたので、このあたりで会社らしい組織にしよう」と思い始めます。

これ自体は間違っていません。問題は社長が年商五億円を超える会社を、機能的に運営させるための組織のつくり方を知っているかどうかです。私の経験からいえば、ベンチャー企業の創業社長でこのことを理解している人は、ほとんど皆無だといっていいと思います。

しかし、それは考えてみれば当然のことなのです。なぜかというと、**自分で会社を起こして年商五億円のレベルまで大きくした社長というのは、抜群の営業力があったからそれができたのであって、その社長が経営や組織について詳しいかどうかは、また別問題だからです。**

だいたい、昨日までどうしたらもっと売上を拡大できるかしか頭になかった人が、自分の知っている知識の範囲で組織をつくっても、うまくいくはずがないではありませんか。社長はあくまで営業のプロであって、組織づくりのプロではないのです。

最初に組織図をつくってはいけない

社内を組織化しようとすると、社長は最初に左図のような構造を思い浮かべます。社長の下に部長、課長、係長、平社員がピラミッド型に広がっていく、いわゆる軍隊型組織です。

次は、この組織図を前提に、どんな部署があればいいかと考える。

たとえば経営企画、営業、製造開発、仕入れ、管理の五つを思いついたとしましょう。そうしたら、それぞれの部署を統括する部長を社内から選びます。おそらくほぼ全員が創業メンバーから選ばれると思います。

そして、さらに組織図と社員名簿をにらみながら、課長や係長のところに既存の社員を割り振っていき、全員の配置が決まれば晴れて組織の完成です。

けれども、この組織が社長の思うように機能する可能性は、きわめて低いといわざ

◎ 壁にぶち当たる会社の組織のイメージ

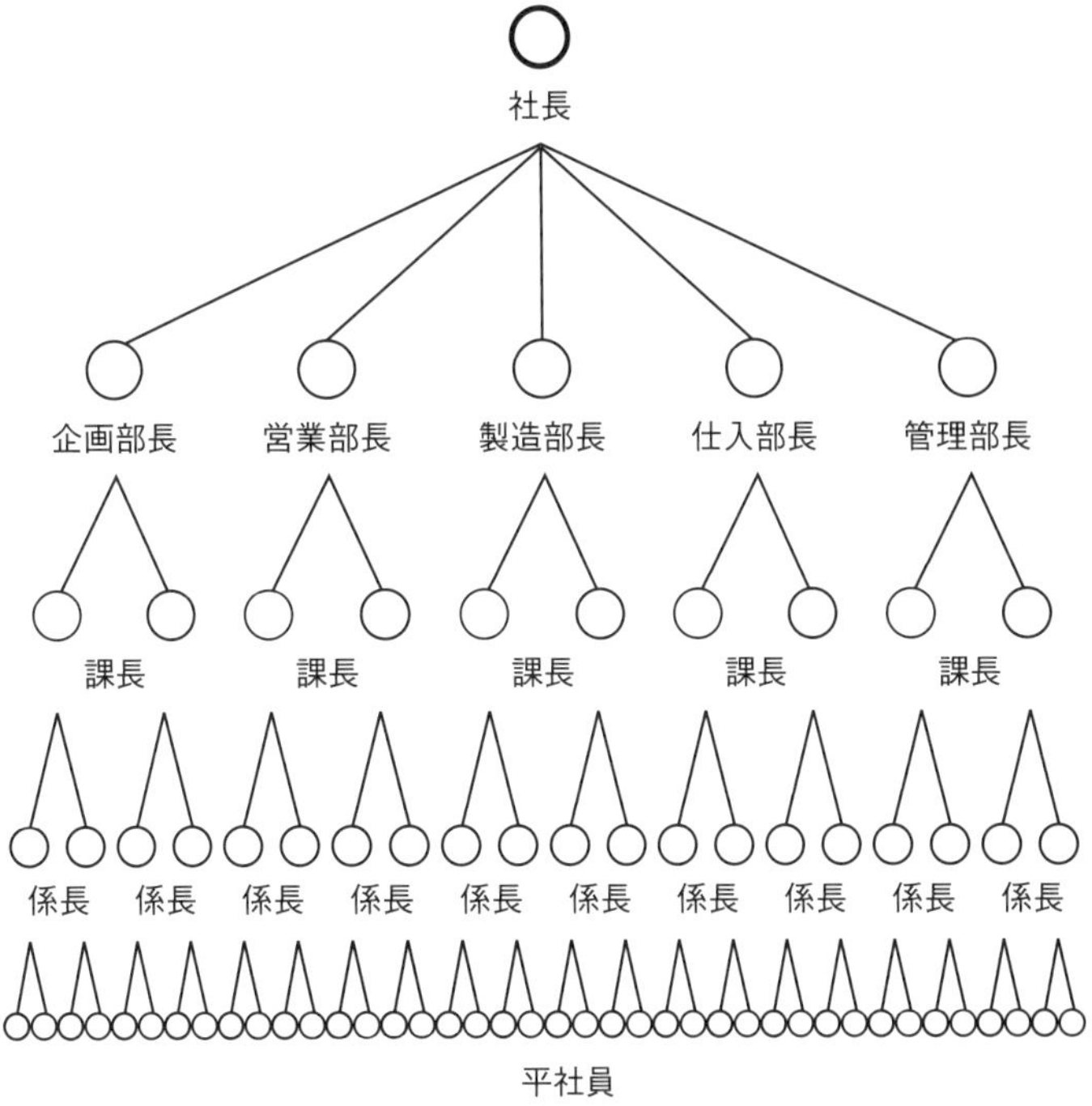

組織図ありきで、人をどう割り振るかと考えてしまう

るを得ません。なぜなら、こういう組織のつくり方は、ベンチャー企業に適さないからです。

厳しいセレクションを受けて入社した社員が千人以上いるような大企業なら、初めに組織図をつくってそこに人を配置するという順番でもできないことはありません。キーになるポストを任せられる人材が、社内にいる可能性が高いからです。

しかし、社員数が数十人で、しかもその大半はここ数年で入社した人たちばかりだと、ポストだけを先につくっても、その職務を全うできる人材が社内にいるとはかぎりません。

それなのに、リーダーシップや管理能力のない人を、創業メンバーだという理由だけで部長に据え、それまで社長がやっていた仕事の一部をその部署に任せたら、確実に売上は下がります。

社員が五十人になったら、本当は売上も、社員が五人のときの十倍にならなければおかしいのです。ところがほとんどの会社では売上は五倍にも届かない。つまり生産性が半分以下に下がってしまっているのです。それは、増えた分の社員が戦力として機能するような組織になっていないからだといってもいいと思います。

組織の基本はハブ＆スポーク

社員数がまだ十人以下のときは、社長と他の社員の関係は51ページ図のようになっているはずです。

社長というハブから社員数だけスポークが出ている。いわゆる文鎮型の組織といってもいいでしょう。

この段階だと、社員は日常的に社長の話を聞き、日々社長が何をやっているかを目の当たりにしているので、たとえ社長にコミュニケーション能力がなくても、社長と他の社員との間で、会社のビジョンや仕事のやり方などの認識が大きく食い違うようなことは、ほとんどないといえます。

しかし、この形はせいぜい十人が限界です。そこで社員数が十を超えたら、社長は自分の代わりができる人が何人いるかを冷静に見極めます。

具体的にいうと、この状況なら社長はこう言うだろう、このように判断するはずだということがわかり、社長がするのと同じように実行できる人ということです。


そのような社長の分身ともいうべき人が三人いたとしたら、その三人を社長の下に置き、仮に営業部長、製造開発部長、仕入部長とします。

管理部も設けたいので、社長の代わりをするには力不足の人間を管理部長にして、先の三人と同等のポストにつけるようなことをしてはいけません。社長の分身が三人なら、あくまで社長の下の階層はその三人です。

社長の分身というかぎりは、少なくとも仕事を任された分野においては、社長がいなくても社長と同じだけの働きをしてくれないと困ります。それができる人が見つからないのなら、当面その仕事は社長が自らやるべきなのです。


とにかく社長は自分のすぐ下に、自分とビジョンや概念を共有し、自分に匹敵する能力やスキルをもつ人間を置いてください。

○ 創業当初のハブ&スポーク型の組織

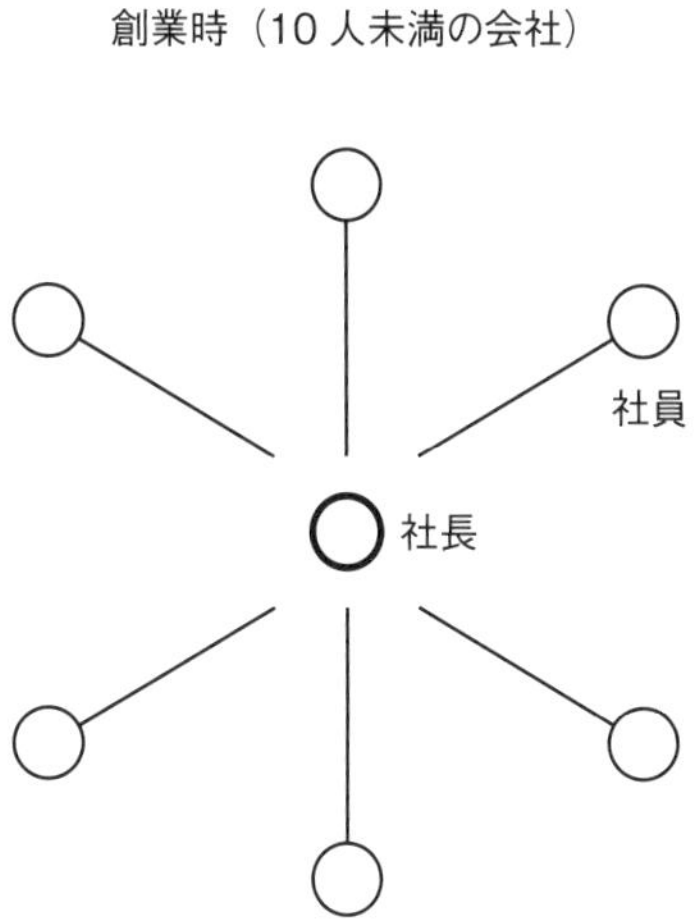

すべての人が社長の考えを理解している

できれば十人くらいいるのが理想ですが、別に三人でも四人でもかまいません。三人いれば三倍、四人いれば四倍、十人いれば十倍に自分の世界を広げることができるというだけのことです。

一方、社長の下で、社長というハブからスポークで直接つながっている人は、次に自分の分身を育てます。社長と自分の関係の相似形を、今度は自分をハブにしてつくるイメージです。スポークの数は自分のコントロールできる範囲内。そうすると五から十ということになると思います。

こうして社長という第一階層の下に第二階層のハブ&スポークができたら、さらにその先に第三階層、第四階層とハブ&スポークを次々とつくっていく(左図)。

これが年商五十億円、百億円を視野に入れた組織づくりの基本です。

◎ 劣化の少ない組織をつくる

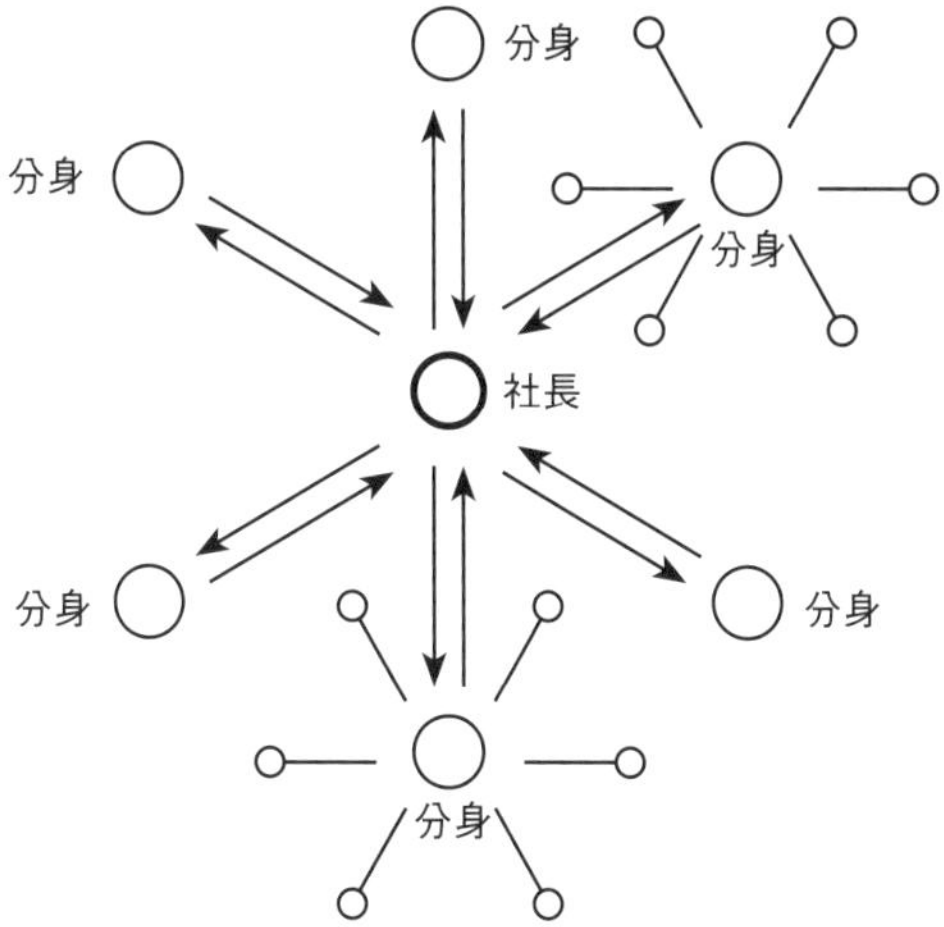

創業時の社長を中心としたハブ&スポーク型と
相似形のものを広げていく

ハブの役割

ハブ&スポーク型の組織の場合、ハブは自分とスポークでつながっている人とは非常に緊密な関係を築きます。

といっても、ハブの命令に忠実に従うのがスポークの先にいる人の役割ではありません。極端ないい方をすれば、ハブのコピーになり次のハブとして機能を果たすのがスポークの先に位置する人の仕事なのです。

社長が、自分の会社を「日本でいちばん大きいラーメン屋チェーン」にするというビジョンをもっているとします。

そうしたら、その社長というハブから出ているスポークの先にいる経理部長も、やはり心の底からそう思っていなければなりません。

そして、「この会社を日本一にするのだ」ということを前提に金融機関と交渉し、部のメンバーに指示を出すのです。

社長に経理の知識があるかどうかは関係ありません。とにかく、自分と同じだけの経理の知識をもっていると仮定し、その社長が経理部長に就いたとしたら、この場面ではこう考えこのように振る舞うというとおりのことをやる。それがスポークに求められている役目なのです。

ただし、社長が経理部に来て直接指示を出すことはありません。

社長がマネジメントするのは、あくまで自分というハブから出ているスポークの範囲のみ。これこそが、ハブ&スポーク型組織の特徴だといっていいでしょう。

社長の下で第二階層のハブとなる人は社長のコピーなのですから、ハブの指示はすなわち社長の指示。わざわざ社長が出向いてくる必要はないといえます。

要するに、社長の下にいるのは、社長の意思を再現できる子会社の社長のようなものだと思えばいいのです。

親会社の社長が、すべての子会社の社員まで管理するのは、物理的にも無理がありります。

それよりも子会社の社長連中と深いコミュニケーションをとって、彼らに自分のものっているものを注入し、それをベースに経営してもらうほうが、数段効率的なのです。

このハブ&スポーク型組織の要諦は、自分の下にどれだけ正確な自分のコピーを置くことができるかにあります。


しかしながら、どれほど時間をかけても、細部に至るまで完全にコピーはできないので、階層が増えればその分劣化が進むのは避けられません。ゆえに、会社の一体感を確保するためには、階層はできるだけ少ないほうがいいといえます。

つまり、ハブとなる人はマネジメントできる最大数のスポークをもつべきなのです。

また、ひとつの部署をずっと同じ人が統括していると、社長の考え方だけでなく、その人の個性に関する部分の影響も、少なからずその部署内に広がっていきます。

しかも部下にしてみれば、部長の口から出る言葉は、社長のものか部長独自のものか区別がつきません。部長のカラーが強すぎるとその部署だけが、社内で浮いてしまう可能性も出てきます。

そこで、それを防ぐために、管理部から営業部や、開発部から仕入部のように、同じ階層のハブは定期的にポジションを入れ替えるのです。

それまで管理部長だった人に営業部長が務まるかなどと心配する必要はありません。マネジメントの基本はどんな部署でも変わらないし、専門知識は勉強すればいいのです。

管理部で社内にずっといる社員は、ほとんど席にいない営業の仕事が理解できないし、営業は営業で、自分たちの売上が会社を支えているのであって、管理部は自分たちがいるから存在できるくらいにしか思っていません。しかし、部署のトップが入れ替わることで、そういう思い込みや誤解もなくなります。

売上の伸びと社員数の増加をシンクロさせるカギは、どれだけ隅々まで社長の意思が伝わり、なおかつ組織として一体感を保てるかにかかっているのです。

こうして組織を作る場合、想像の通り、第一階層のスポークの先にいる部下、幹部中の幹部が非常に重要です。

どんなに時間をかけて育てても、どんなにお金をかけてヘッドハントしてもかけ過ぎはないと思います。幹部にかけるコストは、確実に会社に還元されるのです。言葉は悪いですが、えこ贔屓して育てるくらいの腹積もりが必要だと思います。

私は、幹部候補はいつもカバン持ちをさせて、四六時中行動を共にするようにしていました。厳しいようですが、そのくらい、幹部のポジションが大事だと思っているということです。

権限委譲をどう考えるか

年商五十億円、百億円以上の会社を経営するというのは、数百人の社員を雇用するということでもあります。

もちろんそれだけの人数を、社長ひとりで管理するのは物理的に不可能です。そこで、普通は組織を整備して、営業部なら営業部長、開発部なら開発部長というように、要所要所に責任者を配置して、彼らに部署を統括させます。

このとき必ず問題になるのが権限委譲。社長のなかには組織化しても各部署の人事権や決裁権は絶対に手放さないというタイプもいれば、部署の管理や運営に必要な権限は潔く渡すべきだという人もいます。

さて、このどちらが正しいのでしょうか。

私はどちらも間違っていると思います。

だいたい、権限委譲は是か非かという問い自体がナンセンスです。会社がある程度以上の規模になってもなお、すべての権限を社長に集中したままにしていたら、その会社は社長のキャパシティー以上に成長できません。年商五億円の壁を超えるには、権限委譲は不可欠なのです。

しかしながら、社長が部下にどんどん権限を委譲し、しかも関知しないというと、部下は意気に感じて張り切るかもしれませんが、結果が伴うかどうかはまた別の話になります。なぜなら、仕事を任せた部下に、いつも社長と同じような意思決定をしろといっても、それは無理な相談だからです。

つまり、委譲する部分を増やせば、その分社長は優先順位の高い仕事に集中できるようになる反面、業績が下がるというリスクがどうしても高まる。この関係が左ページ図です。

だから、**権限委譲に関しては、それをやるかやらないかではなく、一千万円以上の買い付け契約は必ず社長の決裁を仰ぐというように、部下の能力や会社の成長段階、**

成果と権限委譲の関係

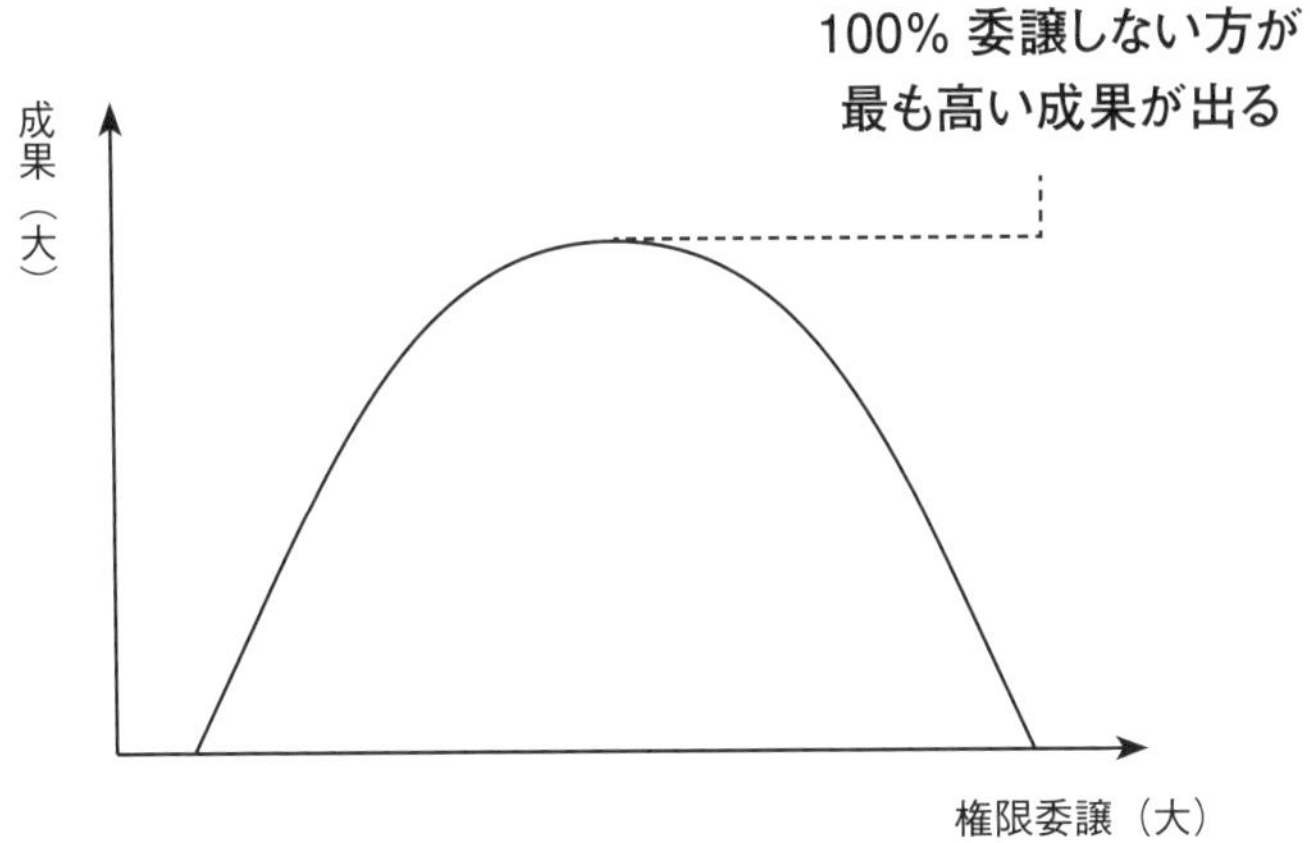

社長の仕事量などを総合的に判断し、どこまでやるか決めることが大事なのです。

それから、権限を委譲したらその分野に関しては一切口出しもしないという人がたまにいますが、これは明らかに間違いだといっておきます。

たしかに、社長が社内で緊密な関係を築くのは、自分というハブから出ているスポークの先にいる人だけ、その人がさらにその下にどんなハブ＆スポークをつくるのかまで、社長が関与する必要はありません。

営業部長が任命した課長に不満があ

っても、それは営業部長が社長の意向を最大限に反映するために行った人事なのですから、社長が文句をいうべきではないし、そんなことをしたら組織が機能しなくなってしまいます。

また、営業部の社員から、なんらかの不満の声が社長の耳に届いたとしても、社長がその問題解決に直接動くようなことは、基本的にありません。当然、営業部長経由で処理すべきです。

だからといって、すべてを営業部長に任せ、自分は報告を受けるだけという社長の態度には賛成しかねます。理由は簡単、そんなことをしたら会社にとってリスクが大きすぎるからです。

営業のことは営業部長に任せるといっても、そこで何が行われ、いまどのような状態にあるかを、社長はいついかなるときも把握していなければなりません。

そして、もし営業部長の判断が違っているなら、遠慮なく口を挟み、社長がそれを正すべきです。そうして未然に失敗を防いだほうが、会社も損害を被らずにすみます。どうも心配だけど、営業のことは営業部長に任せたのだからと見て見ぬふりをしておいて、失敗してからお前のせいだと営業部長の責任を追及するくらい愚かなことはないと私は思います。

「その人間を信用して権限を委譲したかぎりは、その部門は一任しないと彼も成長しない」

こう言う人もいますが、果たしてそうでしょうか。

私なら、仕事を任せた人間がミスをしそうなときは「自分はこちらのほうがいいと思うが、お前は本当にそれでいいのか」と彼に自分の意見を伝え、それでも彼が自分のやり方でいきたいというなら、そのようにさせます。

それで失敗したら、彼はそのとき初めて、なぜあのとき社長にはこの結果がみえていたのか、社長と自分の違いは何なのかと考える。それが彼の成長を促すのです。

ところが、失敗したという結果だけを突きつけられても、屈辱感や無力感に襲われ、こんな経験は二度としたくないと萎縮するのが関の山。肝心なことは何も学べないでしょう。

これでは会社は、単に損害を被っただけということになってしまいます。

常に全体の利益を考え、最良の選択と判断をするのがトップの役割です。

社長の自分は経営に専念し他の業務は自分の分身に任せるというように、線を引くことも必要ですが、いざというときにはいつでもその線を踏み越える柔軟性と勇気もまた、会社の経営には欠かせません。

織田信長だって、部下である秀吉を信頼し、裁量を与えても、秀吉のやることは常に監視していたし、大いに口も出していたに違いない。私はそう思います。

そして、それは組織を預かるリーダーとして、きわめて正しい態度なのです。

第3章

年商5億円の「壁」のやぶり方

コミュニケーション編

ベクトルの方向を一致させる

以前、起業家を目指す人を対象にしたセミナーで講演をしたときのことです。終了後の懇親会で参加者の何人かをつかまえて、なぜ会社をつくりたいのか聞いてみました。すると、自分の企画の話はいくらでもできるのに、会社をつくって社長になりたい理由をきちんと説明できる人が、ほとんどいないのです。これには正直びっくりしてしまいました。

なにも起業するのに高尚な理由が必要だといっているのではないのです。極端な話、お金持ちになりたいからだって全然かまいません。だいたい会社というのは利潤を上げるために存在しているのですから、会社をつくってガッツリ儲けるというのは、起業の動機としてはきわめて正しいのです。

家を建てたいとか女性にモテたいとかいうのだって立派な理由だし、もちろん、自分の会社がつくる商品でもっと世の中を快適にするというのが起業の動機であってもいいと思います。

それよりも大事なのは、**この会社はなんのために存在するのかということを、社長が自信をもってはっきりいえることと、その目的を社員が共有していること。ここがぶれている会社が大きく成長するのは、かなり難しいといわざるを得ません。**

たとえば女性にモテたいというのが起業の動機なら、芸能プロダクションを立ち上げて社長になれば、銀座のクラブでも確実にモテること請け合いです。しかし、つくったのが産業廃棄物の処理を扱う会社だとしたら、お金は貯まるかもしれませんが、女性にモテるようになるかどうかは疑問です。

逆に、とにかくお金儲けがしたいというなら、どんな汚れ仕事でも厭わないと腹を括れば、かなりの確率で目的を達成することができるでしょう。

つまり、目的やゴールが明確で、なおかつそこに向かってベクトルが真っ直ぐに伸びているというのが、会社を成功させるための最低の条件なのです。

また、社長はお金儲けをしたいと思っているのに、営業部長は自分の働く会社を有

ベクトルがずれている

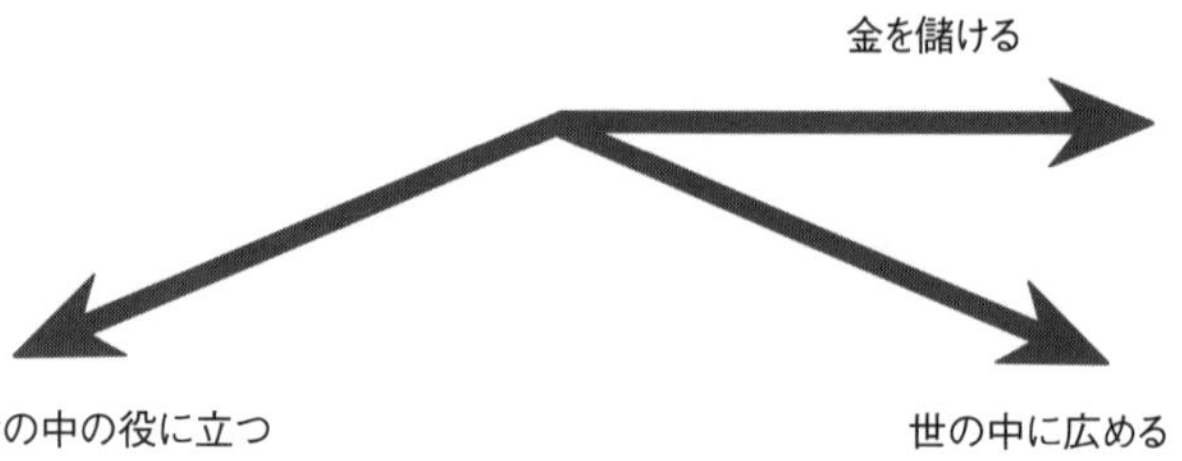

名にしたい、開発部長は社会の役に立つ商品をつくりたいと、それぞれ別のことを考えていたとしましょう。こういう会社はベクトルがずれているので、どうしても力が分散してしまいます（上図）。

これでは、ひとつの目標に向かって一丸となって向かっている、成長企業や現在の中国のようなところには絶対に勝てません。

年商五億円の壁を越えて会社を成長させるということが、何にもまして優先しなければならない課題だと社長が考えているなら、少なくとも、社長がハブとなっている第一階層内においては、その社長の思いを全員が共有しているというのが、それを達成するための必要最低条件だといっても過言ではないのです。

社長はあらゆる手段を使って社員とコミュニケーションを図れ

社長は自分の分身を育て、その分身がさらに自分のコピーをつくっていくというのが、ハブ&スポーク型組織の基本です。

下の階層でハブの役目をする課長や係長も、理屈の上では社長の何代目かのコピーですから、末端の社員は直属の上司を通して、社長の考えやビジョンを教わっていることになります。

しかし、コピーというのは回数を重ねれば劣化は避けられません。とくに組織が大きくなるほど、トップと末端の間にたくさんのハブを挟むことになるので、どうしても組織の端にいくほど、社長の発した情報の精度が落ちることになります。

そして、これを放置しておくと、社内の一体感はどんどん損なわれ、社長が望まないことや、ビジョンにそぐわないことをする社員が増える。つまり、それだけロスが大きくなって、効率の悪い組織になっていくのです。

あらゆる無駄や非効率は、年商五億円の壁を超える足かせとなるし、首尾よく壁を越えた後も成長を阻害する要因となるので、できるだけ初期の段階で対策を講じ、排除しなければなりません。

では、情報伝達の劣化を防ぎ、ビジョンの共有化を促し、一体感を高めるにはどうしたらいいのでしょうか。

私の考えは、社員が社長の考えを知る機会を増やす。これに尽きます。

サムスンを見てください。役付役員が全員出席の幹部合宿の数と量は世界一ではないでしょうか? 会長が全役員とミーティングを行っているといいます。

会社の隅々まで自分の考えを浸透させることの必要性は、みなわかっているのです。しかし、そのために何か具体的なアクションを起こしているか尋ねると、明確な答えが返ってくることはめったにないといっていい。せいぜい社員に積極的に声をかけるようにしているとか、メールアドレスを公開して、社員と直接メール交換をできるようにしているとか、その程度です。

ちなみに、社長と一般の社員とがメールのやりとりをすることや、社長がブログを公開することに対し、否定的な意見もよくききます。社員との距離が近すぎると社長の威厳がなくなるというのがその理由です。

もちろんそれなりにルールは必要ですが、これは考え違いもはなはだしいといわざるを得ません。

顔の見えない社長から、会社のビジョンや目的だけが伝わってきても、社員はそれを自分のことのようにリアリティーをもって受け取ることができると思いますか。私は無理だと思います。

一体感というのは要するに、ひとつのバスに乗り合わせているような感覚です。同じ目的地に向かっているという認識はもちろんのこと、外は晴れているのか雨が降っているのか、道路状態はどうなのか、運転手は疲れていないか、などもそこにいる全員が理解している。それゆえ、バスが揺れれば悪路だから仕方がないと納得して手すりにつかまり、人が乗ってくれば詰めて席を空けるということが自主的にできるのです。

同じように社長が日ごろから社員とコミュニケーションをとり、自分の考えや会社の状況をオープンにしていれば、仮に業績不振で思うように賞与が払えない場合でも「この業績では賞与が出ないのは仕方がない。その代わり来期は今年の分ももらえるよう、もっと頑張って売上を伸ばそう」と、社員のほうが思ってくれるはずです。

これが一体感であり、この一体感を醸成することができたらその組織は、たいていのことを達成できます。


ただし、全社員が一蓮托生と感じるような、盤石の一体感を社内に醸し出すためには、社員とメール交換をしたり、ブログを書いたりするだけでは十分とはいえません。


結論を先にいうなら、**社長は社員とコミュニケーションを深めるのに役立つと思うことは何でもやればいい、いや、やらなければならないのです。**

よく、社員と意思の疎通を図るには、直接話すのとメールなどのツールを使うのとどちらが効果的かと聞かれますが、いうまでもありません。当然両方やるべきです。

やれることは何でもやる。

デジタル系企業ならメール、ブログ、ツイッターなどを使った情報発信は必須。それから、社員との食事会や飲み会にも社長はどんどん参加したほうがいいでしょう。

とくに創業期を知らない新しい社員は、社長というだけで自分たちとは別世界の人と思ってしまいがちです。けれどもそうなってしまったらコミュニケーションは成立しません。雲の上から下りてきて、社員と同じ目線で語って初めて話が通じるのです。

もちろん近くに行けばそれだけアラも見えてしまいます。そうすると社員のなかには、「社長といってもたいしたことない」と思う人間も出てくるでしょう。でも、それでいいのです。強さも弱さも見せるからこそ、社員は「この社長は信用できる」と思って、話に耳を傾けてくれるのです。

そういう意味では、社員旅行も社員との距離を縮める絶好の機会かもしれません。

私も自分が社長のときは必ず社員旅行を実施していました。行き先はだいたい海外。旅行の前日に入ったアルバイトも全員連れて行きます。

最近の若者は社員旅行のような社外行事を嫌う傾向にあるといいますが、そんなことはないでしょう。その地域で最高のホテルに泊まって、いちばん評判のいいレストランで食事をするといえば、誰だって行きたいと思うはずです。

ただ、社員との距離を縮めコミュニケーションを円滑にするのが目的なのですから、社長だけがいい部屋に泊まるのはいただけません。社員と同じ部屋で一緒に時間を過ごすから、腹を割ったコミュニケーションができるのです。豪華な部屋で快適な時間を過ごしたいなら、別の機会にそうしてください。

それから、社員旅行には、部署間の風通しをよくするという効能もあります。営業の人間は開発メンバーが普段何をやっているかなかなかわからないし、もちろん逆もそうです。

そして、そういう状態が長く続くと、自分の部署だけが苦しい思いをしているような気になって、必要なときに社内の協力関係がスムーズに築けなくなってしまいます。

ところが社員旅行では、基本的に部署の垣根を取り払って行動するので、日ごろ会話を交わすことのない人とも話をするようになる。あの部署ではこういう人が働いているのだということがわかるだけでも、相互理解は確実に深まります。

社長が現場に足を運ぶというのも、社員とのコミュニケーションを考えたら、できるだけやったほうがいいでしょう。

ヤマダ電機の山田昇会長は、頻繁に店舗に顔を出し、時には自ら商品の並べ替えまで行うそうです。

山田会長が商品の並べ順を変えたからといって、途端に売れ行きがよくなるかどうかは定かではないですが、それでもそうすることによって、会社のトップが売り場をいかに大切にしているかというメッセージは、確実に社員に伝わります。もちろん山田会長は、そういう効果をわかってやっているはずです。

私もたいへんお世話になったCSKの故大川功社長も、深夜SEが働いている部屋に突然現れ、一人ひとりに差し入れを渡して労をねぎらったといいます。これだって、社長は現場のSEを大事にしているという非常にわかりやすいメッセージです。

社員とのコミュニケーションをよくするのに役立つものはまだまだあります。泥臭いようですが、社是や経営理念、社内報などは自分の考えを伝える格好のツールだし、思いを込めた社歌をつくったっていい。社史を編纂したり、一代記を自費出版して社員に配ったりするのも手です。

新聞や雑誌の取材を通して社員にメッセージを送ることももちろんできます。

ただ、社長個人があまりに有名になると、人に妬まれたり、悪意でスキャンダルを暴かれたりというように、必ずどこかで有名税を支払わなければならなるので注意が必要です。マスコミを利用する際は、社長ではなく会社を有名にすることを念頭においておくといいでしょう。


これ以外にも使えそうなものがあれば、何でも使ってください。社員とのコミュニケーションの機会は、多ければ多いほどいいのです。

とてもじゃないが忙しくて、若い社員のためにメールやブログなんてやっていられないという人は、私にいわせれば社長失格。

社内のコミュニケーションがよくなって、社内の一体感が高まれば、それはそのまま会社の儲けにつながります。支払ったコストの何倍ものプロフィットを、会社は確実に手にすることができるのです。そんなこともわからないようでは、年商五億円の壁を超えるなんて夢のまた夢だと、あらためてここで断言しておきます。

◎ コミュニケーションとして使えそうなツール

IT系

・メール
・ツイッター
・SNS
・グループウェア
・ビデオ
・テレビ電話
など

文書や直接的なもの

・社是、経営理念
・飲み会
・社員旅行
・全社会議
・朝礼
・社内報
・本
・現場訪問
・社史
・社歌
など

テキサスヒットを許さないタフな文化をつくれ

ヤマダ電機にしてもユニクロにしても、頭角を現したと思ったらみるみるうちに成長し、業界のトップに登りつめるまで十年もかかっていません。

この二社の強さの大半は、山田昇、柳井正というトップの手腕によるものといってもいいと思います。

とくに私が注目しているのは、山田氏、柳井氏とも現場を非常に重視している点です。前述で述べたように、山田氏は時間があれば自社の店舗を回り、売り場の人間に声をかけ、自ら商品の配置を直したりもします。柳井氏もやりすぎだと顧問にたしなめられるくらい、社内のあちこちを見て回り、あまりにいろいろなことに口をはさむのだそうです。

もちろんどちらもあれだけの大企業ですから、権限委譲ができていないなどということはありません。しかし、トップは決して社長室でふんぞり返っているようなことはせず、自分の足で歩き、現場の社員や顧客の声に耳を傾け、あそこを直せ、ここはこうしろと直接指示を出すことをいとわないのです。

なぜそんなことをするのでしょうか。おそらく二人とも現状に満足していないからでしょう。

会社をもっとよくしたい。隅から隅まで完璧にしたい。そういう気持ちが強いから、細かいところまで気になり、思わず口を出さずにはいられなくなってしまう。その気持ちは私にもよくわかります。

そして、トップのこの姿勢こそが、会社を急成長させている最大の要因だといっても過言ではないのです。

「俺の目指す会社はこんなものじゃない。ゴールはもっと先だ。まだまだ改善の余地があるじゃないか」

毎日のように現場に足を運ぶことで、社長はまさに体を張って、このような強烈なメッセージを社員に向けて発信しているのです。

また、日々そんな社長の姿を見ていれば、社員のほうも改善のために自分たちにもできることはないかと必死で探し、悪いところは社長に指摘される前に直そうとするようになります。

そうすると、これは自分の仕事じゃないから関係ないとか、他部署のことだから見て見ぬふりをするとかいうようなことが、社内から自然となくなっていく。こうなったらその組織は最強です。

なにしろ社員の誰もが会社のよくない点を改めようという意識をもっているのですから、責任の所在や管轄がはっきりしないため、誰もが不都合を感じているにもかかわらず、手つかずのまま何年も放置される。野球でいえば守備と守備の間に打球が落ちるテキサスリーガーズヒットのようなことが、その会社では起こらないのです。

私も社長を務めていたときは、これは改めたほうがいいと思ったらすぐに指示を出していたし、社員にも、他の部署だろうが悪い点にはどんどんダメ出しをしろと命じていました。

年商五億円の壁を越えて五十億円、百億円を目指すには、そういうタフな文化が必要なのです。

社員に社長は特別と思われてはならない

年商五億円程度の創業社長というのは、人並み外れた営業力があったからここまで来ることができたのであって、経営に関してはほとんどの人が素人の域を出ていません。そのほかにも未熟な部分をたくさんもちあわせているのが普通です。

わざわざ私がこんなことをいわなくても、創業期から一緒にいて苦楽を共にしている社員は、そういうことを概ね理解しています。

ところが、年商が五億円近くになり、会社の経営もそこそこ軌道に乗ってから入社してきた人には、なかなかそれがわかりません。社長だというだけで、とにかく偉い人なのだというイメージをもってしまいがちなのです。

そして、そんな新しい社員が増えるといつの間にか、社長と社員の間に対立構造が生まれるようになります。社長がいくら熱くビジョンを語っても、そのビジョンは社長のもので、実現しようがしまいが自分たちには直接関係ないという空気が、社内にできてしまうのです。

こうなると社員は何も考えず、与えられたことだけをひたすらやるか、あるいはビジョンなどおかまいなしに、自分の考えで仕事を進めるようになるので、どちらにしても非常にロスの大きい組織になってしまいます。

また、社長は自分たちと違う世界の人間だということになると、自分たちも頑張れば社長のようになれるという意識が社員のなかに芽生えません。これはベンチャー企業にとって致命的です。

なぜなら、経営基盤の脆弱なベンチャー企業というのは、全員が一丸となって火の玉のように働くから存在できるのであって、それぞれが目の前の仕事だけをこなして満足していたら、たちまち淘汰されてしまうからです。

社長、社長ともち上げられたら、それは悪い気はしないでしょう。けれども、そんなことは会社の経営を考えたら、百害あって一利なしです。

社長は自分の弱点も含めて、裸の自分を社員の前にさらさなければなりません。

自分がここまで来れたのは、決して他人より優秀だったからではなく、商品をこうやって一つひとつ泥臭く売ってきたからだと説明し、この部分はみんなの助けが必要だ、これを達成するために一緒に頑張ってほしいと自分の言葉で語るのです。

これはかなり恥ずかしいことだし、勇気も要ります。でもトップがその勇気をもたなければ、社員は動かないと思ってください。

マンネリ化の原因はコミュニケーション不足

もっとやる気をもって働いてほしい。自分のところの社員をみてそう思わない社長はいないでしょう。

創業社長は自分がその事業をやりたくて会社を立ち上げたのですから、仕事に対するモチベーションが社内で誰よりも高いのは当たり前です。

また、創業時は誰もがこの会社をつぶすまいと必死なので、社長以外の人もみな、活気に充ち溢れているのが普通の状態だといっていいと思います。

しかし、しばらくして売上もようやく安定してくると、社長はともかくその他の社員からは、立ち上げ当初のエネルギーが徐々に失われてくるのは避けられません。

最大の原因は心の緩み、慢心です。会社の売上は伸びている。商品の認知度も上がり、取引先の対応もよくなった。そうすると営業の人間は、自分たちの販売力に自信をもち、開発は開発で、この商品を凌ぐものは当分出てこないだろうと安心してしまうのです。

しかし、これを放置していると危険なことになります。なぜなら、この兆候がみえはじめたら、その会社は早晩成長が止まるからです。


たしかに会社の売上が伸びているのは、死に物狂いで営業に歩いた結果であり、また卓越した技術が商品に活かされているからなのでしょう。

ですが、それは決して特別なことではなく、成功している会社ならどこでもやっていることなのです。それなのに自分たちは大したものだと思い込んでしまう。勘違いも甚だしいとはこのことです。

それに、**いくら販売力や技術力が優れているといっても、他社だって生き残るために必死なのですから、その差は紙一重だと思って間違いない。つまり、少し油断すればたちまち逆転されてしまうのは、火を見るより明らかなのです。**

だから、社員のモチベーションが低下してきたら、すぐさまこれを上げる対策をとらなければなりません。さらにいうならモチベーションが下がらないよう、事前に手を打っておくべきなのです。

では、誰がそれをやるのか。それはもちろん社長です。

おそらく社長だけはどんなに事業が順調にいっていても、何もない状態を知っているだけに、不安でたまらないはずです。ならば、その危機意識を「自分たちはまだまだだ。走るのを止めたらあっという間に抜かれてしまうぞ」と言葉にして、しつこいくらい繰り返し社員に伝えてください。危機感の共有、これもまた社員とコミュニケーションをとる目的のひとつなのです。

それからもうひとつ、仕事のマンネリ化もモチベーションを下げる要因となるので、これも打破しなければなりません。

といっても、しょっちゅう組織改編を行って、絶えず新鮮な労働環境を提供するなどというのは現実的に無理だし、それになにもそんなことをやらなくても、マンネリ化を防ぐ手立てはあります。

それは、やはり社長のコミュニケーション力にかかっているのです。

刀鍛冶や漆塗りといった職人の世界で名人と呼ばれるような人は、それこそ子どものころから同じことを何千、何万回も繰り返してきているわけですから、本当ならもっともマンネリ化しやすい世界のはずなのに、そういう人の口から仕事のマンネリ化とか、モチベーションの維持が難しいとか、そういう言葉が出てくることはまずありません。

これはどうしてだと思いますか。

それは、彼らの志が高いからです。もともと一生をかけて技術を磨いても届かないくらい遠いところに目標を据えているので、たとえ日常の風景がそれほど変化しなくても、マンネリ化したりモチベーションが下がったりすることと無縁でいられるのだと私はみています。

そして、社内で唯一この職人のメンタリティーをもっているのが、創業社長のはずなのです。そこで、社長がその思いを、さまざまな手法を用いて社員に伝える。やはり重要なのはコミュニケーションなのです。

マンネリ化を指摘されても、人間というのはなかなか慣れ親しんだやり方を変えることができません。

しかし、これから年商五十億円、百億円の会社にしていくには、社員一人ひとりが目的達成のために、常にゼロベースで最善の方法を考えられる、そういう柔軟な組織でなければならないのです。

社長は傍から見れば過剰なくらい社員とコミュニケーションをとるのが当たり前だと思ってください。

自分のビジョンや会社が目指しているものを社員の意識下に植え付けるには、どれほどやってもやりすぎということはないのです。優れた会社では、常に一番多くしゃべっているのが社長だということを知っておいてください。

第4章

年商5億円の「壁」のやぶり方

マネーマーケット編

市場には商品と金融（マネー）の二つがある

魅力的な商品やサービスを開発することができ、さらにそれを売る力があれば、それだけで年商五億円までは可能です。

しかし、それを越えて五十億円、百億円規模の売上を目指そうというならば、商品市場のことだけしか知らないというのは大きなハンディキャップになるといわざるを得ません。

会社というのは、商品やサービスを売って利益を稼ぐ商品市場だけではなく、お金でお金を稼ぐ金融市場（マネーマーケット）を利用することもできます。そして、会社の規模を拡大するために、後者の有効活用は不可欠です。

樹木にたとえるなら、花が咲き実がなる地表から上が商品市場、地下にある根の部分が金融市場（左図）。当たり前ですが、いくら枝を剪定し日当たりをよくしても、

◎ 商品市場とマネーマーケット

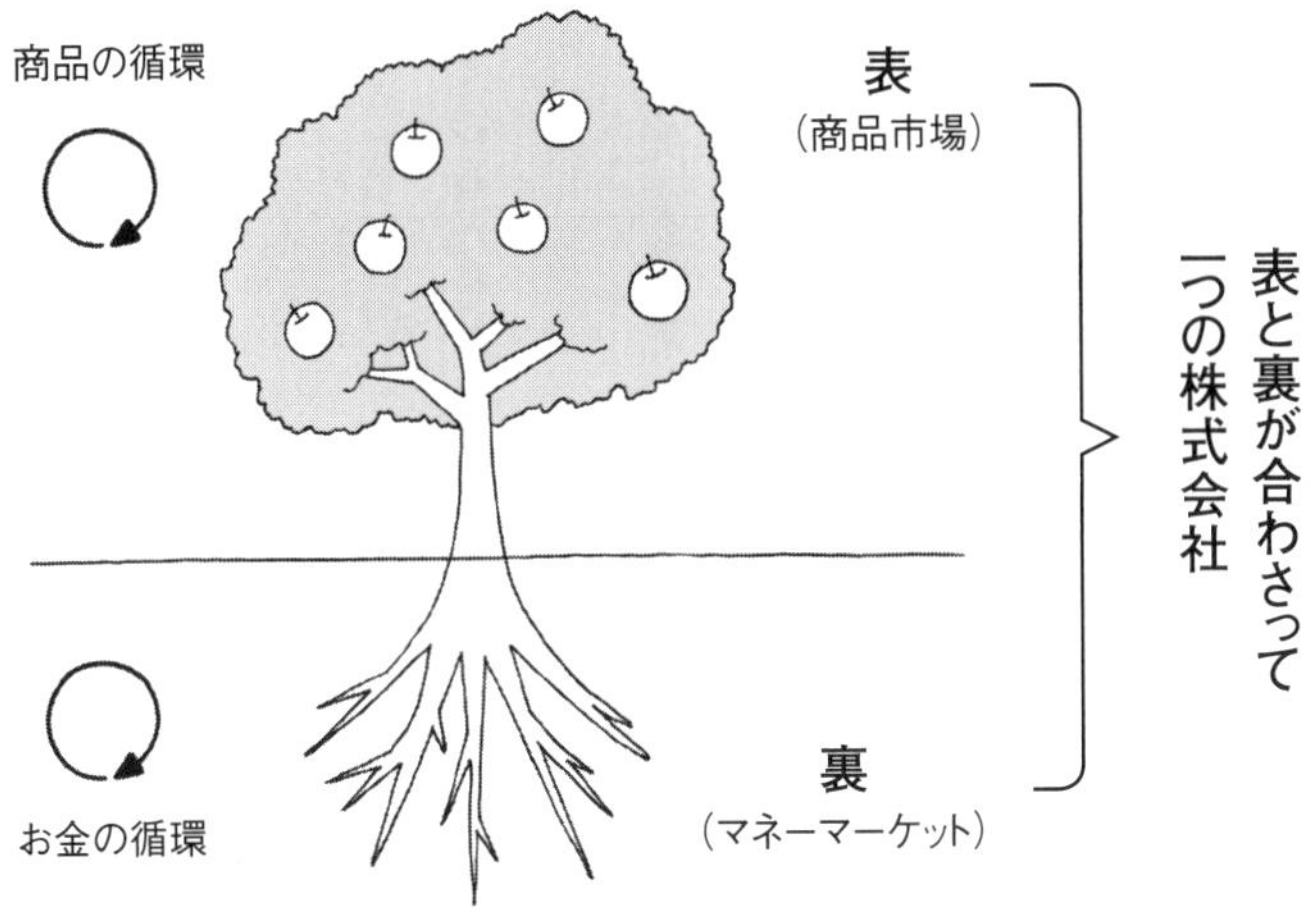

根に十分な水や肥料をあげないと木は大きく育たず、ちょっとしたことで枯れてしまうのです。

ところが、ベンチャー企業の創業社長で、このマネーマーケットのことを理解している人は、私の知るかぎりあまり多くはいません。

それまではそんなことを知らなくても、売上を伸ばすことだけを考えていれば会社はうまく回っていたので、仕方がないといえなくもありません。

それにしても、自分の会社を株式会社にしていながら、株式会社の社長と個人事業主の違いすら、きちんと説明できないのはどうかと思います。

自分の事業を株式会社にしても、その株式のほぼすべてを社長がもっているなら、その株式会社は個人事業とたいした差はありません。

厳密にいえば、欠損金が五年間繰り越せるなどの、主に税法上のメリットが株式会社にはあるものの、実質的には同じものだといってもいいのです。

そんなことはない、個人事業と比べたら株式会社のほうが対外的に信用がある。そう思っている人も多いようですが、それは都合のいい思い込みです。


たとえば、もし私が銀行の融資担当で、できたばかりの株式会社と個人商店のどちらに優先的に融資をするかと問われれば、それは間違いなく「信用のある」株式会社ではなく、個人商店の店主のほうだと答えます。

理屈は明白です。

株式会社は有限責任、だから債権者に対して責任を負うのは会社の資産の範囲内になります。銀行から一千万円の融資を受けている会社が返済不能になった場合、資産が三百万円しかなければ、残りの七百万円に関しては、その会社から回収することができないので、貸し手としては不利なのです。

もちろん代表者である社長が債務の連帯保証人となっていれば、足りない分は「自然人」としての社長が返済の義務を負います。しかし、家屋敷を売り払ってでも会社の借金を全額支払えと社長に迫るというのは、法律の上では可能であっても、あまり世間体がよくないので、銀行としてはやりにくいものです。

ところが、借金をしたのが自分で商店を営むいわゆる個人事業主なら、これは普通の人が消費者金融でお金を借りたのと同じことですから、本人が自己破産でもしないかぎり、遠慮なく全額取り立てることができるじゃないですか。

こうやって比較すると、株式会社よりも個人商店の店主のほうが確実に回収できるわけですから、必然的に融資をするのは個人事業主ということになるのです。株式会社だから信用できるなどというのは幻想にすぎません。

株式会社の意味

株式会社という仕組みが生まれたのは、一六世紀から一七世紀にかけても大航海時代です。

当時のヨーロッパには、香辛料、綿、絹などを求めてアジア諸国と交易をする共同出資の貿易会社が林立していました。これが現在の株式会社の原型です。

その考え方や基本的な部分は、そのころもいまもほとんど変わっていません。

そこで、初期の株式会社の成り立ちをもとに、株式会社とはどういうものかということをここで簡単に説明します。

アジアの物産を現地で安く仕入れ、それをヨーロッパの市場で売れば、差額で大きく儲けることができます。ちなみにこれを裁定取引（アービトラージ）といいます。

しかし、それをするためにはまず船、それから買い付けに行く船長と船員が必要で

○ 株式会社の成り立ち<大航海時代の裁定取引>

航海前

船	1億円
人件費	1億円
積み荷	5億円
合計	7億円

→

航海後

船	0円
積み荷	25億円
合計	25億円

積み荷の売却額		投資金額		貿易商の儲け
25億円	**－**	**7億円**	**＝**	**18億円**

す。もちろん買い付け費用も要ります。

仮に船の建造費を一億円、船乗りの人件費も同じく一億円、買い付け費用が五億円だとすると、最初に最低でも七億円の資金を用意しなければなりません。

そして、港を出た船が五億円分の商品を満載して帰港し、その積み荷が二十五億円（元値の五倍）で売れたとします。

船の残存価額をゼロとするなら、船主である貿易商の儲けは、投資金額との差額である十八億円です（上図）。

ただし、船が大西洋やインド洋を回り、無事に戻ってくるという保証はあり

○ 規模を大きくすれば、儲けも大きくなる

航海前

船	10億円
人件費	10億円
積み荷	50億円
合計	70億円

→

航海後

船	0円
積み荷	250億円
合計	250億円

積み荷の売却額		投資金額		貿易商の儲け
250億円	－	70億円	＝	180億円

ません。それでも船をより大型にすれば、安全性は高まります。

また、一度の航海で、それだけたくさんの商品を詰めるので、ビジネスとして考えればやはり船は大きいほうがいいのです。

そこで、船の大きさを十倍にしてみましょう（上図）。

ここではわかりやすいように、初期投資の金額もそのままの比率で十倍にしておきます。同じく積み荷の期待値も五倍です。

すると、初期投資七十億円に対し、航海が成功した場合の儲けは百八十億円です。

しかし、ここでひとつ問題が発生します。七億円ならともかく七十億円ともなると金額が大きすぎて、多くの人にとってこの話が、現実的な投資対象ではなくなってしまうという点です。

それでも、全財産を掻き集めたらなんとか七十億円になった人がいたとしましょう。そうしたらこの人は、このビジネスを実行に移すことができます。

でも、ちょっと待ってください。

いくら船が大きくても、大嵐で沈没したり、途中で海賊に襲われ積み荷を奪われたりするリスクはゼロにはなりません。

そうすると、すべてがうまくいけばその人は百八十億円の利益を手にすることができる一方で、投資した七十億円をすべて失い、路頭に迷うかもしれないというリスクを、その人は引き受けなければならないということになります。この条件で喜んで勝負する人は、そのころも決して多くはなかったはずです。

船は大きくして取り引きの安全性を高めたい（大きい船ほど沈みにくい）。けれども、全財産を賭けるような勝負はしたくない。そんな上手い方法がないだろうか。

そして考えだされたのが多くの人から出資を募り、その金額の合計を原資として船をつくりアジアで交易を行って、首尾よく利益が出たらそれを出資割合に応じて配当するというジョイント・ストック・カンパニー制、つまり株式会社なのです（左図）。

ちなみに、当初はひとつの航海が終わったらそこで会社を解散し、配当と清算を行っていましたが、一六〇二年に設立されたオランダ東インド会社は、個別航海ごとに清算を行わず資本を継続する形をとったことから、世界初の株式会社といわれています。

○ 規模を大きくすれば、儲けも大きくなる

船が大きく積み荷が多いほど利益が大きいが・・・

・1人ではリスクが大きい
・総額が大きすぎて、お金を出せない

↓

初期投資の70億円を7株に分割して
1株10億円として分けて持つ

王室 4株 ＋ 貴族A 2株 ＋ 貴族B 1株 ＝ 計7株

↓

株式会社設立

株価が変動する理由

次に、株価についても簡単に説明しておきます。

ベンチャー企業の社長のなかには、当社は上場しているわけではないので株価なんて関係ないという人がたまにいますが、それはとんでもない勘違いです。

昨日登記したばかりだろうが、東証一部に上場している企業だろうが、株式会社であるかぎりは何も変わりません。まったく同じ原理で動いているのです。

もちろんほかのベンチャー企業が一部上場企業になるまでには、越えなければならないいくつもの段階がありますが、それにしても両者はまったく縁もゆかりもないところに存在しているわけではないのです。

そして、社長がこのことを知っているかどうかで、会社の成長スピードはまったく変わってきます。だから、資本主義における株式会社の成り立ちや、株式の意味、株価形成のメカニズムなどの基本的なことは、いまは必要ないと思っても、知っておいてほしいのです。

ここでも大航海時代を例にあげます。

■航海前

アジアの物産を買い付けるために総額七十億円のプロジェクトが組まれ、一口十億円で、王室が四口、貴族Aが二口、貴族Bが一口とそれぞれ出資しました。この時点で一株あたり三十億円で売れると考えています。その株が十億円です。

■アフリカ南端 大嵐発生

出発後数日が経って、アフリカ南端の喜望峰のあたりで海が荒れて大型帆船が何隻も沈没したという噂が、出資者の貴族Bの耳に入りました。

沈んだのが自分の出資した船「ビクトリア号」かどうかわからないものの、もしそうなら手元にある十億円の株券は紙くずになってしまいます。不安になった貴族Bは友人の貴族Cに「急に現金が必要になったので、五億円でいいから株券を買ってくれないか」ともちかけました。たくさんの船が沈没しているという情報を知らない貴族Cは、喜んで貴族Bから株券を五億円で購入しました。

■インド到達

数カ月後、貴族Bは港のパブでアジア方面から帰ったばかりの船員から、ビクトリア号がたくさんの荷物を積んでボンベイの港を出発したのを見たという話を聞き、慌てて貴族Cのところに走り、株券を五億円で買い戻したいと申し出ました。ところが、その話は貴族Cもすでに知っていて、十五億円じゃなければ売れないといいます。しかし、いくらなんでも十五億円は高すぎると思った貴族Bは、買い戻すのをあきらめました。

■消息不明

一年が経ちました。しかし、ビクトリア号は帰港予定日になっても姿を現しません。どうやら嵐を避けるために、数ヶ月前に通常の航路を外れたらしいのですが、それ以来消息がまったくわからないのです。

そこで貴族Bは再度貴族Cのところに行き、株券を十億円で売ってほしいと交渉しました。帰港が遅れていたので貴族Cも一抹の不安を感じていたのか、今回はすんなり交渉に応じてくれました。

■帰港

ほどなく積み荷を満載したビクトリア号が港に姿を現しました。商品はすぐに売り切れ、貴族Bは三十億円の配当を受け取ることができました。

このように、この価格なら買ってもいいという人の間で折り合いがつけば、そこで株価が決定します。

つまり、株価というのは、その時々の人々の期待や思惑によって形成されるものなのです。このメカニズムは現在も変わりません。またマーケットでも相対取引でも同じことです。

○ 株価が上がったり下がったりする理由

＜航海状況＞	＜1 株あたりの期待値＞
航海前	**10 億円** （誰でも株を買えると考えると）
↓	↓
アフリカ南端大嵐発生	**5 億円**
↓	↓
インド到達	**15 億円**
↓	↓
消息不明	**10 億円**
↓	↓
帰港	**30 億円**

様々な情報によって期待値が変わり、株価が上下する

貸借対照表（B／S）

オランダ東インド会社が出現する以前のヨーロッパでは、投資を募って船をつくり、買い付けを行い、航海で仕入れた商品を売りさばいたら、利益を株主に分配してそこで会社を解散するのが一般的でした。

しかし、現代の株式会社は、何年も継続して事業を行うのが普通です。

ただ事業は続いていても、会社はどこかで利益を確定しなければなりません。そうしないと株主は配当を受けられないし、また、国もその会社から税金を徴収できないからです。

そこで、日本では、非上場会社には12カ月、上場会社には6カ月ごとに決算を義務付けています。

決算というのは要するに、その時点で会社をいったん解散したと仮定して、前回の決算時よりどれだけ利益（解散価値）が増大したかを明らかにするという意味なのです。

このときにはその結果を貸借対照表（B／S）や損益計算書（P／L）、キャッシュフロー計算書といった財務諸表で表さなければなりません。

だから、その会社の財務状態を把握するには、財務諸表を見ればいいわけですが、ベンチャー企業の社長のなかには、財務諸表が読めない人も少なくありません。いくらそういうことは経理に任せてあるといっても、**自分の会社の財務状態がどの程度健全なのかを社長が知らないようでは、その会社が大きく飛躍するのは難しいでしょう。**

そこで、ここでは財務諸表のなかでも最も重要な貸借対照表の概念を、わかりやすく説明しておきます。

貸借対照表は、左側が資産、右側が負債と資本で構成されます（左図）。

つまり負債と資本の合計が会社の資産ということです。

ところが、会計の本を読んでもこれがどういうことかよくわかりません。

◎ バランスシート

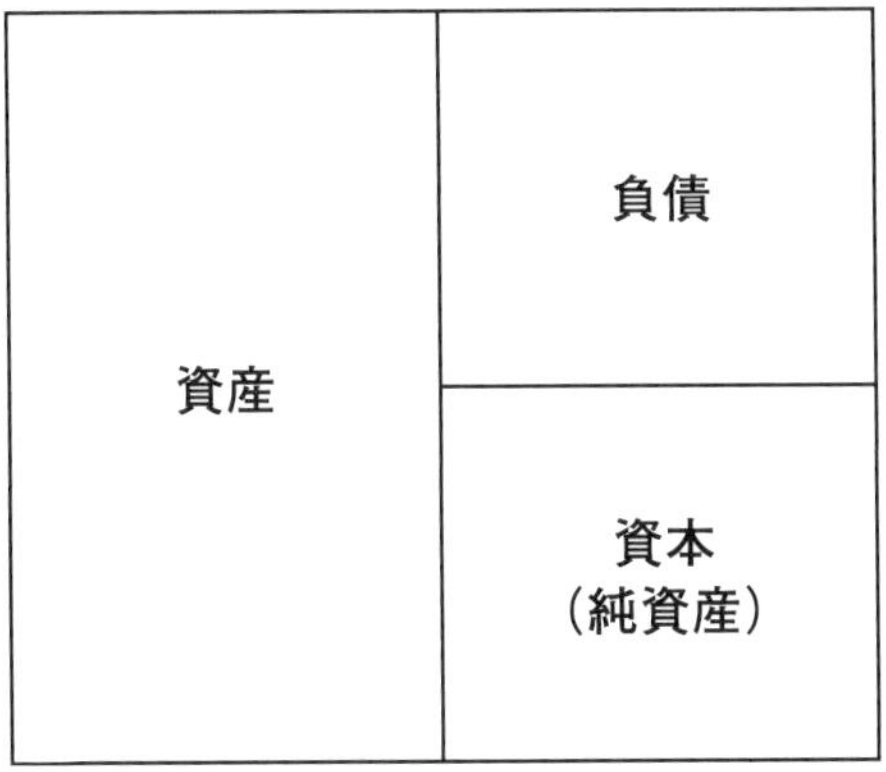

そこで、会社をつくったその日から、貸借対照表がどう変わっていくかを順に追っていくことにします（110ページ図）。

（110ページ図）

こうすると貸借対照表の概念が、いくらか理解しやすくなると思います。

■一日目

自己資金の現金一〇〇〇万円を資本金として株式会社を登記しました。

貸借対照表は左側の資産の部が「現金一〇〇〇万円」、右側の負債・資本の部が「資本金一〇〇〇万円」。

これは一〇〇〇万円の資本金を全額現

金で保有しているということを表しています。

■二日目

現金で机を五〇〇万円分仕入ました。

そうすると、資産の部は「現金五〇〇万円」「机五〇〇万円」に変わり、負債・資本の部は「資本金一〇〇〇万円」のままです。

一般的な感覚だと、机を買うのに現金五〇〇万円を使ってしまったので、資産が減ってしまったような気がしますが、実は五〇〇万円が現金から机に変わっただけで、会社の資産総額はまったく変わっていません。

■三日目（その一）

五〇〇万円分の机が六〇〇万円で売れました。

そうすると資産の部からは、机五〇〇万円がなくなり、もともとあった現金五〇〇万円に、机の売上六〇〇万円が加わって「現金一一〇〇万円」となります。

負債・資本の部は、資産が一〇〇万円増えた分が新たに「利益剰余金一〇〇万円」

として加わります。

■三日目（その二）

五〇〇万円の机が四〇〇万円でしか売れなかった場合、資産の部は「現金九〇〇万円」、負債・資本の部は「資本九〇〇万円」となります。これは会社が一〇〇万円の欠損金を出したということです。

なお、欠損金が資本金の額を越えてしまうと、その企業は債務超過ということになります。こうなると株主資本はマイナス、つまり会社を解散しても負債を清算できないので、会社としての価値がないとみなされるのです。

貸借対照表の意味が理解できましたか。

大事なのは貸借対照表の左側、資産の部が大きくなると、その分が利益になるというところです。だから、とにかく社長は常に資産が増大するような経営をしなければなりません。それだけは肝に銘じておいてください。

○ 会社設立直後からのバランスシートの変化

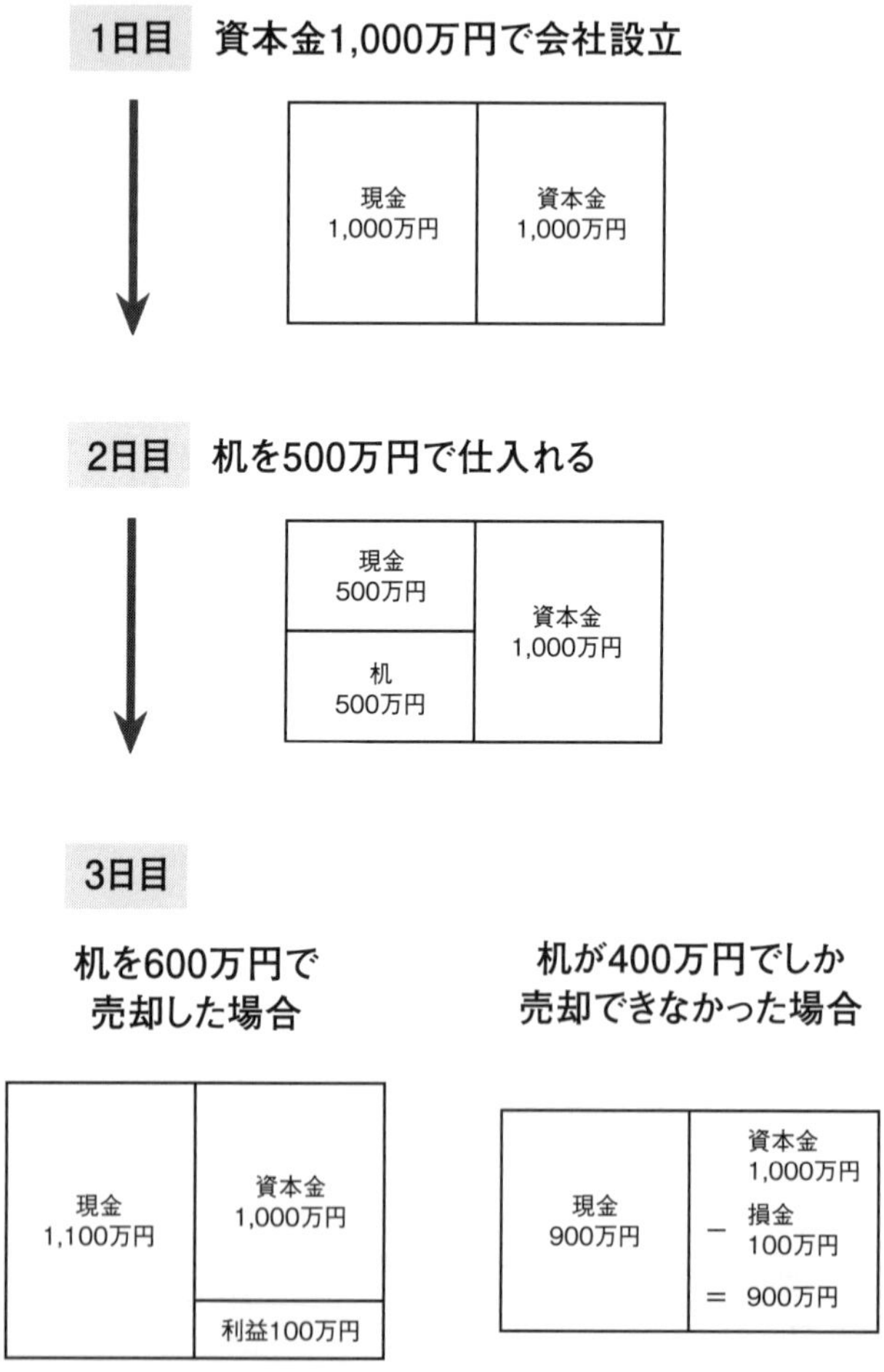

なぜ社長が代表取締役なのか

会社でいちばん偉いのは誰かと日本のサラリーマンに聞けば、まず間違いなく全員が「それは社長に決まっている」と答えると思います。

たしかに、会社という組織のトップに立ち、経営責任を負っているのは社長ですから、社長がいちばん偉いというのはある意味正しいといえます。

問題はその社長が、代表取締役を兼ねているという点です。

取締役というのは、株主から会社運営を委任された代理人であり、代表取締役というのは、そのなかで議長にあたる人のことをいいます。

株主から委任されているのですから、当然代表取締役は、株主利益を最大にするよ

株主と取締役会と社長の関係

うな運営をしなければならないはずです。

ところが、社長という立場に立つなら、社員の利益を優先することも求められます。

たとえば社長の給料。

株主にしてみれば、社長があまり報酬を取ってしまうと、その分自分たちの配当が減ってしまうので、できるだけ少ないにこしたことはありません。

一方、社員の代表としては、他の社員の励みにもなるので、なるべく多くしたいと考えるのが人情です。

社長が代表取締役を兼ねると、必然的にこういうことが起こってしまいます。

日本企業の多くは、これまでそういう矛盾に目をつぶり、誰が誰の利益を代表しているのかもはっきりしない状態で経営されてきました。

ライブドア事件のときに、会社は誰のものかという議論が盛んになされましたが、そのときなされた発言の多くは感情論や思い込みレベルでしかなく、私はこの国の文化人や企業人に少なからぬ絶望を感じたものです。

会社は株主のものに決まっています。それは、先ほど説明したように株式会社の起源を考えれば、小学生でもわかるはずです。

これまではそういうことを曖昧にしたままでも、会社の経営ができたのかもしれません。

しかし、これからはそういうわけにはいかないでしょう。グローバル化がさらに進み、資本の移動がより自由になれば、あらゆる企業が国外のベンチャー・キャピタルに狙われ、M&Aの標的になります。

また、投資銀行やファンドとうまくつきあえない企業は、成長スピードが遅すぎて、常に不利な競争を強いられざるを得ないのです。

そうならないためには、会社経営の原理原則を、まだ会社が小さいうちから徹底的に身につけておくほかありません。

昔ながらの個人商店のやり方では、年商五億円の壁の前で矢折れ刀尽きてしまうことでしょう。

第5章

年商5億円の「壁」のやぶり方

IPO編

ＩＰＯで大金持ちになれるか

起業した人に将来会社をどうしたいか聞くと、たいていＩＰＯという言葉が出てきます。

ＩＰＯとは新規に株式を公開する、あるいは証券取引所に上場するという意味です。

以前は日本証券業協会の登録銘柄となる店頭登録と、証券取引所に公開する上場は区別されていましたが、ジャスダックができてからはその区分けはなくなりました。

なお、ＩＰＯとは英語の Initial Public Offering の頭文字です。

ＩＰＯを目指すなら、せめてこれくらいのことは知っておいてほしいと思います。

また、**ＩＰＯをすれば創業社長は大金持ちになれるというのは間違いだということも理解しておくべきです。**

なぜＩＰＯをしても大金持ちになれないか、その理屈を説明しましょう。

まずＩＰＯをしたときに、株価がどのように決まるか考えます。

起業して十年間必死で働き、ようやく年商百億円の会社にしました。昨年度の税引き前当期純利益が十億円、税引き後当期純利益が五億円。数字だけ見ればかなりの優良企業です。

さて、株式公開した場合、この会社の時価総額はどれくらいになると思いますか。

ちなみに時価総額とは、株価に発行済み株式数を掛けたものです。

時価総額＝株価×発行済み株式数

株式を公開した際、自社の時価総額がどれくらいになるかは、他の公開企業のＰＥＲ（株価収益率）が参考になります。ＰＥＲというのは会社の税引き後純利益と株価の関係（割高、割安）を示す指標です。

ＰＥＲ（株価収益率）＝時価総額÷税引き後純利益

二〇〇〇年代初頭のＩＴバブルのころは、新規公開株のＰＥＲが五十〜六十倍はざら、なかには百倍以上などというケースもありましたが、現在はせいぜい十倍がいいところでしょう。

そうすると税引き後利益五億円、ＰＥＲ十倍なら、その会社の時価総額は五十億円ということになります。

ＰＥＲ10 ＝ 50億円 ÷ 5億円

これはどういうことか。

年間に税引き後五億円の純利益を上げる優良企業をわずか五十億円、つまり税引き後純利益のたった十年分で買えてしまうのです。

こういういい方もできます。株式公開時には一般の投資家が株を買えるよう、社長は自分のもっている株の何割かを市場に出さなければなりません。

仮にそれまで社長が株式の一〇〇％を保有していて、ＩＰＯと同時にその三〇％を売ったとしたら、社長の手元には時価総額の三〇％の十五億円が入ります。

もしＰＥＲが五十倍なら会社の時価総額は二百五十億円ですから、自分の持ち株を三〇％売っても七十五億円、これなら納得できます。しかしＰＥＲ十倍ではたった十五億円、これではどう考えても割りが合わないでしょう。

私なら株式公開などせず、会社の純利益五億円を社長のボーナスにします。そうすれば株を手放さなくても三年で公開益と同じ額の金が自分のものになるのです（税金を考慮してもそれほど変わりません）。

ＩＰＯは企業経営にとって不利

ＩＰＯをすれば会社の信用が高まるので、ビジネス上も有利になると思っている人も多いようですが、はっきりいってこれも思い込みにすぎません。

筆王という年賀状作成ソフトをご存じでしょうか。かつて筆王は私の経営するアイフォーが販売していました。アイフォーは非上場会社です。一方、ライバルの筆まめを販売しているクレオ、こちらはジャスダックに上場しています。

では、一般の人がソフトを選ぶとき、販売元が上場している筆まめのほうがそうでない筆王より信用できるなどと考えると思いますか。商品を選ぶとき、販売元が上場しているか否かなどは、ほとんどの人にとってどうでもいいことなのです。サントリーは非公開企業ですが、だからサントリーのビールは飲まないなどという人を私は知りません。

また、企業同士でも、株式公開しているから取り引き条件が有利になるなどということは、まずないといっていい。株式公開のハードルが高く、いまほど公開企業が多くなかった時代は、たしかに東証の一部や二部に上場していたり、店頭公開していたりといったことがそのまま企業の信用につながりました。しかし、現在のように株式市場が増え、公開条件が緩くなると、株式を公開しているから信用できるなどという理屈は成り立たないのです。

それよりも、最近は、証券会社にいわれるままにＩＰＯをした結果、不利益を被ったり、経営に支障をきたすようになったりといった悲惨な会社のほうが目につきます。

ＩＰＯがプラスにならないどころか、時に会社経営にとってマイナスに働くこともあるのは、紛れもない事実です。

次に、そんなＩＰＯの代表的なデメリットを５つ列挙しておきます。

① 赤字が出せなくなる

会社経営の基本は、会社の純資産を大きくすることですが、長期的な発展を考えると、一時的に赤字を出すことも、戦略として必要になります。

たとえば首都圏でファミリーレストランをチェーン展開しているところに、関西から明らかに競合するチェーン店が進出してきたとしましょう。出店先はまだ自分たちが店を出していない地域で、ここが成功すれば次々に店舗を増やしていくのは目に見えています。

この場合、非公開企業なら社長の判断で、競合店の近所に自分の会社の店を出し、赤字になってもいいという覚悟で採算度外視のメニューをつくって客を根こそぎ奪い、競合店を非採算に追い込んで撤退させ、その後にたとえば、自分の店も閉めるという戦略をとることが可能です。

しかし、公開企業だとこの戦略をとるのは難しいかもしれません。なぜなら赤字を出せば株価が下がり、株主の利益が損なわれるからです。もしそんなことをしたら会社の経営陣は、まず間違いなく株主代表訴訟を起こされるでしょう。

株式を公開したら、それが将来的に会社にとってプラスになることであっても、当期に意図的に赤字を出すことは許されません。経営者は株主から常に黒字を出すことを義務付けられるのです。

②情報を開示しなければならなくなる

公開企業の社長は、いま会社が何をやっているか、これからどんなことをやるのかということを、できるかぎり株主の前で明らかにしなければなりません。

なぜなら会社というのは公開した時点で、社長個人のものではなく株主のものになるからです。

ついでにいえば株価には過去の実績ではなく、次の決算時の業績予測が反映されています。だから、株主は今期会社が計画していることをできるだけ詳しく知りたいし、会社が発表する情報量が少なすぎると、証券会社もアナリストも、そのレポートは認めてくれないのです。

けれども情報を開示しなければならないというのは、経営面では明らかに不利になります。

出店計画や新製品の情報をオープンにすれば、それは株主だけでなく競合企業の耳にも入るでしょう。そうすると、当然相手はそれを下敷きに攻め方を考えてきます。ところが、相手が非公開企業の場合、情報公開の義務はないので、何をやってくるかわかりませんから、こちらは対策の立てようがなく、不利な戦いを強いられることになるからです。

③ 事前にリスクを明らかにしなければならない

株式を公開していなければ、とりあえずやってみて、うまくいかなければその都度対処していけばいいのですが、株式を公開したら、常に想定されるリスクを事前に公表しなければならなくなります。

この新商品を売り出すにあたっては、消費者からこういうクレームが出る可能性があるので、もしそうなったら会社としてはこう対処する。中国の会社から特許侵害で訴訟を起こされていて、最悪の場合、賠償金の支払いに応じることも考慮に入れている。

こういったシミュレーションを細かく行い、合わせて対策まで立てておくというのは、たいへんな労力です。

また、訴えられているといったネガティブな情報はイメージダウンにつながるので、なるべく表に出したくありませんが、公開企業だとそういうわけにもいかないのです。

④公開維持コストがかかる

株式を公開すると、ＩＲ活動費や監査法人に支払う監査費用、証券事務代行費用などかなりの額の費用が発生します。

どれくらいの金額かというと、たとえば東証マザーズなら一年間の公開維持コストは最低でも一億円程度でしょう。

年商数十億円程度の会社にとって、毎年一億円の出費というのは決して小さくはありません。本当にそれだけの費用を支払う価値があるのか、上場前によく考えるべきです。

⑤社長の時間が奪われる

ベンチャー企業で最も営業力があり、生産性が高いのは社長のはずです。しかし、株式を公開した途端、社長は営業に割く時間を半分にしなければならなくなります。

なぜなら、公開会社の社長は株主対策や株主総会の準備、証券会社や銀行やアナリストとのつきあいなどで、業務時間の約五割は取られてしまうからです。

五割というのは決して大げさではありません。ＩＰＯはそのときだけですが、公開企業になるというのはこれから先もずっと、売上に直接関係ない作業に貴重な時間を奪われるということでもあるのです。

ＩＰＯのメリット

それではＩＰＯのメリットとは何でしょう。

いろいろな種類の社債が発行できたり、増資で資金調達がしやすくなるというのもそうですが、**やはり最大のメリットは、新株を発行して株式交換で企業買収ができるようになるというところにあると私は思います。**

その手順を図を交えて見てみます（図は１２９ページ）。


【ステップ１】

Ｘ社はＹ社を買収したいと考え、Ｙ社の一〇〇％株主であるＡ社長に、全株を一千万円で売ってほしい旨を伝え、Ａ社長も承知しました。

X社は公開企業で株価は一千円です（公開企業の買収等の手続きは省きます）。

【ステップ2】

X社はA社長に一千万円を支払い、A社長からY社の全株式を受け取ります。

この時点でY社はX社の一〇〇%子会社となりました。

【ステップ3】

X社は総額一千万円分の増資を行い、A社長はX社に一千万円を支払ってそれを引き受けます。

ここでは三つのステップを経ていますが、実際は同時に行われるのでお金は動かず、X社は新株を発行してA社長のもつY社の株と交換したにすぎません。

つまり、X社は新株を発行することで何もないところから一千万円を生みだしたのです。まさに新株の発行というのは、現代の錬金術といってもいいでしょう。株式を公開するとこういうことができてしまうのです。

○ 新株発行による会社の買収

ステップ1　買収先に打診

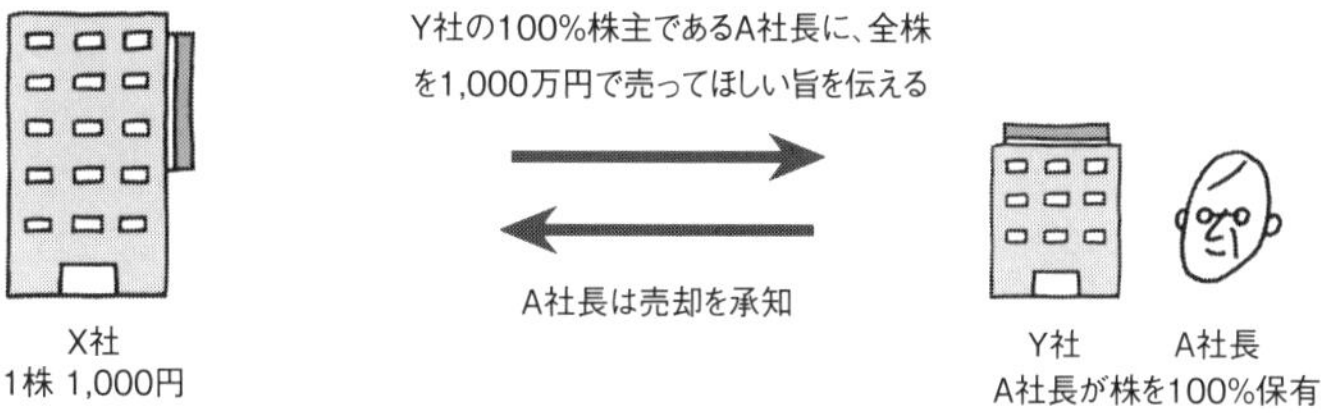
Y社の100%株主であるA社長に、全株を1,000万円で売ってほしい旨を伝える
A社長は売却を承知
X社
1株 1,000円
Y社
A社長
A社長が株を100%保有

ステップ2　Y社を100%子会社に

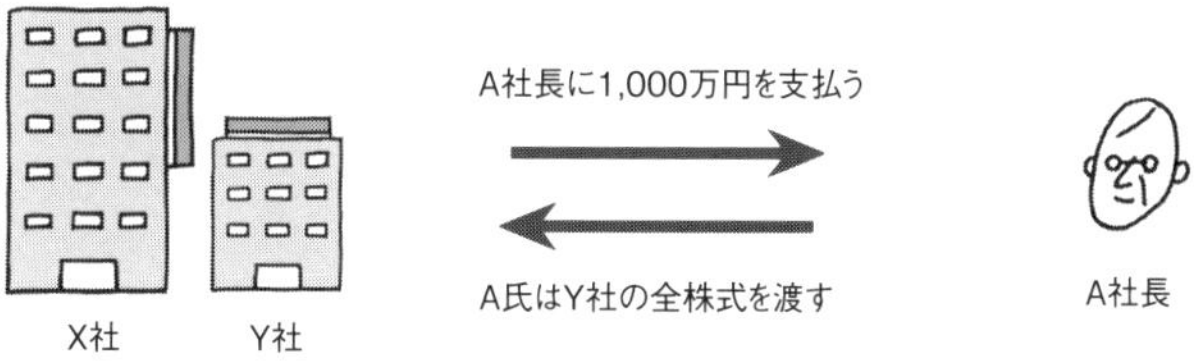
A社長に1,000万円を支払う
A氏はY社の全株式を渡す
X社
Y社
A社長

ステップ3　新株を発行し、A氏に増資に応じてもらう

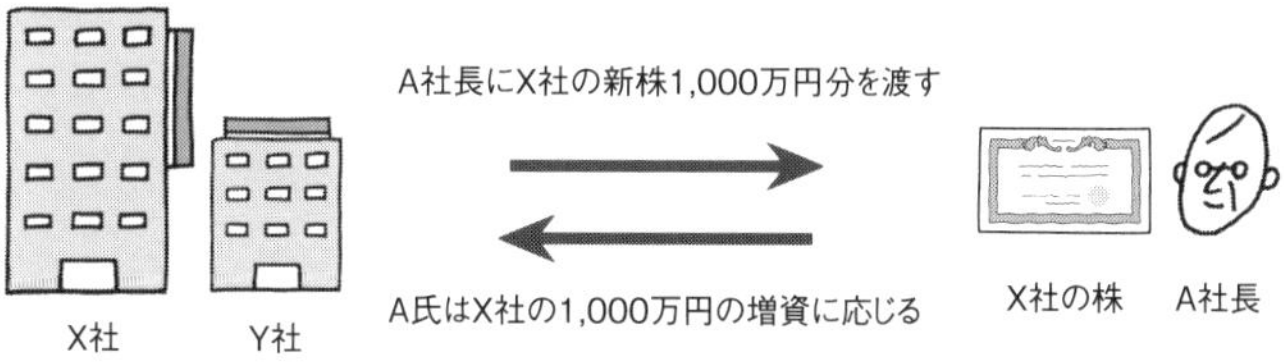
A社長にX社の新株1,000万円分を渡す
A氏はX社の1,000万円の増資に応じる
X社
Y社
X社の株
A社長

X社は新株を発行してA社長のもつY社の株と交換したにすぎません

ただし、普通は新株を発行すると株式数が増えて、その分株価が下がってしまいます。つまり旧株主が損をするわけです。

しかしながらY社が有望企業であるなら、そのY社を子会社にしたX社の価値も当然上がるので、X社の時価総額は変わらないか、新株分以上増えるのです。

一方、新株を引き受けたA社長は、X社の株主として権利を行使することもできるし、その株をマーケットで売却して現金に換えることもできます。

もちろん未公開企業でも新株の発行はできますが、市場で流通していないので株価の正当性を説明し納得してもらうのがまずたいへんです。

それから、引き受けた株の転売も容易ではありませんから、そう考えると未公開企業の新株発行による企業買収は、あまり現実的ではないといえます。

ＩＰＯをしていい会社、しないほうがいい会社

ＩＰＯをしたほうがいいのは、たとえば電気自動車や風力発電のような装置産業です。この手の会社は長い期間をかけて設備投資をしていくので、短期で返済をしなければならない借り入れより、株式を公開し、さらに必要に応じて増資を行うなどして株式市場で資金を集めたほうが、明らかに有利だといえます。株なら返済の義務はなく、利益を出しきちんと配当さえしていれば、株主は納得するからです。

このほかにも、不特定多数の人から資金を集めたいとか、社債を発行したいという明確な目的がある会社は、ＩＰＯを積極的にやってもいいと思います。

また先程の例のように、これからたくさん企業買収を繰り返す予定のある会社には、公開のメリットは大きいでしょう。

逆に、ＩＰＯをしないほうがいいのは、たとえば年商十億円で三億円の利益を出しているようなデザイン会社。

株式市場でお金を調達する必要もないし、仮にそこでまとまった資金を手に入れても使い道がないでしょう。それなのにＩＰＯしたら毎年一億円ずつ公開維持コストを払わなければならなくなる、おまけに社長はいちばん大事なデザインの仕事が、銀行や証券会社との応対などで半分に削られてしまうのです。

実際、本業が好調だったところに証券会社から強く勧められ、わけのわからぬままＩＰＯし、結果的に後悔しているこのデザイン会社の社長のような人を、私は何人も知っています。

できるだけたくさんの会社をＩＰＯさせたいというのは、公開企業の株を売買するために存在している証券会社の都合にすぎません。それに、すでに述べたように、最近は数年前に比べＩＰＯのメリットが圧倒的に減っているのです。

専門的な知識までは必要ありませんが、せめてこの本に書いたことくらいは、すべての社長が知っているべきだと思います。大事なのは原理原則をわかっていること。

そのうえで、ＩＰＯをする、しないの判断をすればいいのです。

第6章

年商5億円の「壁」のやぶり方

M&A編

レバレッジド・バイアウト（ＬＢＯ）

ＩＰＯをして新株を発行すれば、現金がなくても会社を買収できるという話をしました。

このほかにも、自己資本が少ない会社が、自分のところよりも大きな会社を買収する手法にレバレッジド・バイアウト（Leveraged buyout 略してＬＢＯ）があります。

これは、買収先の会社の価値を担保に資金を調達するというもので、サラリーマンがローンを組んで、年収よりもはるかに高額な家や車を買うのと原理は同じです。

しかも、株は家や車のように年月を経ても残存価値が下がらないので、償却する必要がありません。だから、買収の際は買収先の株を担保に差し入れるようにすれば、金融機関も安心して資金を貸せるのです（実際のやり方はもう少しややこしいですが、原理はこのとおりです）。

このようにＬＢＯは、金融機関にとって比較的リスクの少ない（言わば、検討してみる価値のある）投資だといえます。

また、**成長途上のベンチャー企業でもこの仕組みをうまく活用すれば、自社よりはるかに大きな資本をもつ大企業を買収することも可能なのです。**

実際、ソフトバンクが二〇〇六年にボーダフォン日本法人（現ソフトバンクモバイル）を一兆七千五百億円で買収したときは、そのうち一兆円をＬＢＯで調達したといわれています。

それでは、ＬＢＯのスキームを具体的にみていきましょう。

大手ベンチャー企業を経営するＡ社長は、競合である時価総額一兆円のＢ社に魅力を感じ、買収することを計画しました、しかし、当然手元にはそのための資金がありません。

そこで取り引き先であるC銀行に出向き、次のような相談をしました。

・当社はB社の買収を計画している
・B社の時価総額は約一兆円である
・B社の全株式を担保に一兆円を融資してほしい

←

A社長は融資担当者から、返済に関してのさらに詳しい説明を求められました。

そこで、詳細なビジネスプランを提示し、年間の利益が一千億円以上見込めるので、そこから毎年元金五百億円と、元金に対する二％の利子十億円を支払うという返済プランも同時に説明しました。

←

C銀行はA社長の計画書を検討し、その結果、これが妥当なものであり、また、A社長のこれまでの実績をみて、計画の実行は可能と判断しました。

ただし、銀行の規定で融資は担保価値の七掛けまでと決まっていたため、七千億円なら融資に応じるという返事をしました。

←

A社長はC銀行から融資を受けた七千億円と自己資金の三千億円でB社を買収し、子会社化して傘下に収めることに成功しました。

現実には、かなり厳しく審査されるので、ベンチャー企業の社長が一兆円近い融資を金融機関から引き出すのは、それほど簡単ではありません。孫正義氏や稲盛和夫氏ならともかく、何も実績のない人がいきなり訪ねていって一兆円貸してくれといっても、銀行は相手にもしてくれないでしょう。

けれども、それが、誰が見ても素晴らしいビジネスプランで、なおかつこの社長ならやるだろうと思わせることができたなら、それが誰であれ銀行がお金を出さない理由はないということです。

デット・エクイティ・スワップ（DES）

銀行から首尾よく七千億円の融資を引き出すことに成功しても、その七千億円は負債として貸借対照表に計上されます。

しかし、なかには過大な負債を抱えるのは嫌だという人もいるでしょう。そういう場合は、**負債（デット）を資本（エクイティ）に入れ替えればいいのです。これはデット・エクイティ・スワップ（DES）という手法を使えば簡単にできます。**

先ほどの例でいうなら、A社長はC銀行に借りていた七千億円を返済し、その瞬間に七千億円でC銀行に七千億円分の新株を引き受けてもらうのです（左図）。新株で会社を買収するのと同じでこれを同時に行ないます。

こうすれば貸借対照表から七千億円の借り入れが消え、その分資本が増えたことになります。もちろん資本ですから返済の必要もありません。

デット・エクイティ・スワップの一例

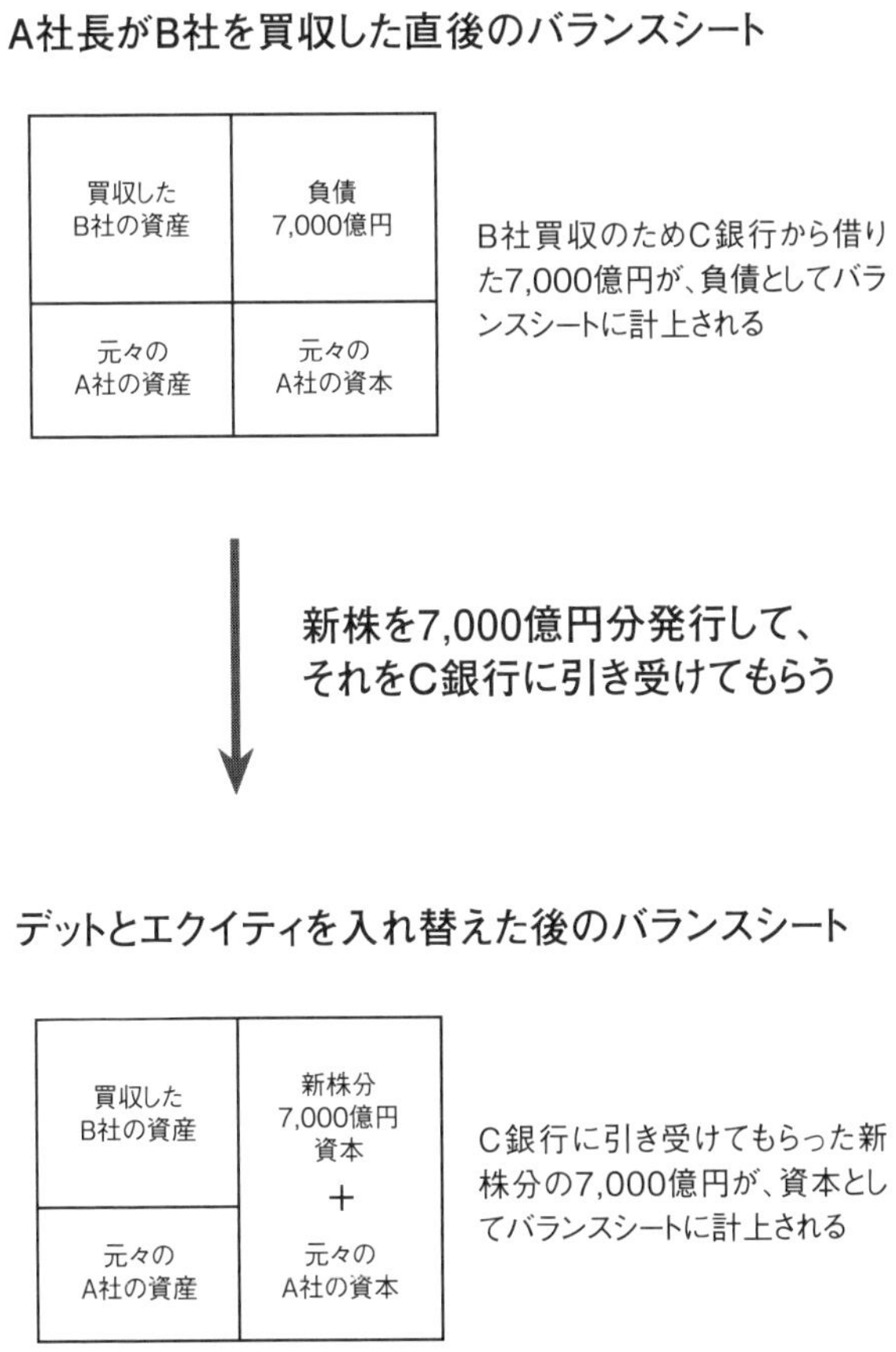
A社長がB社を買収した直後のバランスシート
買収した
B社の資産
負債
7,000億円
元々の
A社の資産
元々の
A社の資本
B社買収のためC銀行から借りた7,000億円が、負債としてバランスシートに計上される
新株を7,000億円分発行して、
それをC銀行に引き受けてもらう
デットとエクイティを入れ替えた後のバランスシート
買収した
B社の資産
新株分
7,000億円
資本
＋
元々の
A社の資産
元々の
A社の資本
C銀行に引き受けてもらった新株分の7,000億円が、資本としてバランスシートに計上される

しかも、実質的にはお金はいっさい動いていないのです（現実には全額銀行が応じることは難しいですが、第三者を組み合わせて行ないます）。

このように、昔と異なり、最近では負債と資本というのは、自由に入れ替えることができると考えられています。バランスシート上は、連続的なものだといっても差し支えないくらいです。

優先株と劣後債でさらに詳しく説明しましょう。

優先株というのは、配当金や会社が倒産したときに受け取れる残余財産分配金を、普通株の株主より優先的に受け取れる権利が付いた株式のことです。投資家にとっては安心度が高いのですが、会社の経営に参加する権利（議決権）はありません。

劣後債は社債の一種で、請求の優先順位が低く、会社が倒産した際は普通社債の持ち主が請求し終わった後でないと請求できない一方で、利率は高く設定されています。

優先株は無配となっても債務不履行にはなりませんが、劣後債は負債なので、利払いが停止されると債務不履行とみなされるなどの違いはあるものの、両者の性格はほとんど変わらないといっていいでしょう。とくに償還期日がなく、会社が存続するかぎり利子が支払われ続ける永久劣後債は、負債ではなく資本の一部と考えるのが普通です。

そういうことを知っていれば、会社を分割するときあまり株主が多いと面倒なので、一部の株式を借入に直したり、借入が多い会社が自己資本比率を高めるために、状況に応じて銀行に頼んで融資を株に変更してもらうなどということがすぐに思いつきます。つまり、それだけ有利な経営ができるというわけです。

マネジメント・バイアウト（ＭＢＯ）

ＬＢＯの一種にマネジメント・バイアウト（Management buyout 略してＭＢＯ）があります。これは会社の経営陣が、自社の経営権を手に入れるために株主から株を買い取ったり、事業部門のトップが、その事業部を会社から譲り受け独立したりするというものです。

たとえば後者だと次のようなケースが考えられます。

ある大手ＳＩ企業が、それまでの全方位型からこれからは大企業のソリューションに事業を特化するという方向に経営方針を変更し、それにともないパソコンのＳＩ部門から撤退することにしました。それを社長が役員会で発表したところ、当該部門の部長から、パソコンは非常に将来性のある分野なのでなんとか事業を継続してほしいという強い意志表示がありました。

しかし、すでにパソコン部門は売却の方向で動いているため、いまさらそれはできません。

それで、会社は部長にＭＢＯを提案し、部長もそれを受け入れました。

部長は銀行から五千万円、銀行から紹介されたベンチャーキャピタル（あるいはプライベート・エクイティ・ファンド）から五千万円、都合一億円を融資、出資してもらい、それを資本金に自らが社長となって株式会社を立ち上げ、そこに人材を含めた経営資源を相当価格で譲り受け後、事業を継続することにしました（このやり方は一例です）。

これでＭＢＯの完成です。

ちなみに、この場合ベンチャーキャピタルは、この新会社が数年後にＩＰＯするときの公開益がインセンティブになっているので、ベンチャーキャピタルの出資分は負債ではなく資本にすると思われます。

ただし、ＩＰＯのところでも説明したように、現在（２０１０年7月）はＰＥＲが低く公開市場が冷え込んでいるため、ＭＢＯのための資金を集めるのは容易ではありません。

知識がなければ活用できない

ＬＢＯもＭＢＯも、別にそれを知らなくても会社の経営はできます。でも、それを知らなければ、それだけ打てる手が少なくなってしまう、すなわちその分不利な戦いをしなければならなくなるということです。

会社というのは商品市場と金融市場の両方が利用できるのです。それなのに商品市場だけしか使えないというのは、とくに年商五十億円、百億円、それ以上を目指す場合、致命傷になりかねません。

私はこれまで、金融市場から一ロットで二十億円近く集めたことが何度かあります。とくにウェブマネーのときは、まだ年商が小さく、黒字にもなっていないという段階で、市場から二十億円近くを調達しました。

そして、この二十億円があったから、新しいシステムに投資することもできたし、テレビコマーシャルを流して会社の知名度を上げ、優秀な人材を採用することもできた。だからこそ会社は加速度的に成長し、十年足らずでジャスダックに上場するための足掛かりができたのです。

もしマネーマーケットの知識がなく、手持ちの資金だけでやっていたら、株式上場どころか、初期の資金が足らずに、ウェブマネーが電子決済サービスの覇権を握ることもできなかったと思います。

私は自分で社員と共に、ファンドや銀行、ベンチャーキャピタルとも交渉してきましたが、一般にベンチャー企業の社長が必ずしも、そこまでする必要はないと思います。法律のことはみな弁護士に聞きにいくように、マネーにはマネーの専門家がいるので、手間賃を払って彼らを使えばいいのです。

しかしながら、**こうすれば市場からお金が集められるとか、あの会社を買収するにはこういう方法があるとか、そういう基本的な原理原則くらいは知っておいたほうがいい、いいや、知らなければなりません。**

そうしないと困ったときに、どこの誰に相談に行ったらいいかもわからないし、相談に行くことが必要だとさえわからない。専門家だってまったく知識のない人から「なんとかしてください」と泣きつかれても、手の施しようがないからです。

「この計画を実現するためにこれだけの資金を調達したい」

「こんなスキームであの会社を買収できないか」

こういう話し方ができて初めて、相手もこちらの話に真剣に耳を傾けてくれるのではないでしょうか。

第7章

年商5億円の「壁」のやぶり方

クオリティー編

これまでの延長では必ず会社のクオリティーが劣化する

自分で起こした会社が年商五億円近い売上を上げられるようになったとしたら、それは社長の営業力はじめ、他社よりも抜きんでている部分、光る何かがその会社にあったからにほかなりません。

そして、たいがいの社長は、これまでのやり方を続けていけばこの先も会社は順調に成長していくと信じています。

しかし、残念ながらそういうわけにはいきません。会社の成長は創業五年、社員数五十人、年商五億円あたりを境に確実に鈍化します。

その原因は、すでにこれまで説明してきたように、社員が増えてコミュニケーションがうまくとれなくなったり、組織が思うように機能しなかったり、マネーに関する知識不足だったりですが、さらに、会社全体のクオリティーが劣化するというのも理由のひとつです。

もちろん社長がこれまでの業績に満足し仕事の手を抜けば、クオリティーが落ちるのは当たり前です。そうではなく、社長はこれまで以上に頑張っていても、クオリティーは下がっていくのです。

なぜか。原因はこれまでのやり方を維持しようとするところにあります。

それはこういうことです。

たとえば、長年修行し、その後独立して始めたフランス料理店が大成功したら、事業家精神が旺盛な社長は必ず二号店、三号店というように店を拡大していこうと考えます。

ところが、これまで自分の下で働いていて、自分の次に仕事ができると見込んだ人間に店長を任せた二号店は、味も売上も一号店にかないません。いくら仕事ができるといってもしょせんナンバー2なのですから、これは仕方のないことなのです。

けれども、社長には自分の実力で人気店をつくったという自負があるので、二号店も一号店同様に繁盛させたいし、それができる自信もあります。

それで、社長は一号店を見ながら、二号店にも足繁く通い、直接自分で指導するようになるのです。

ところが、そんなことをしていたら、今度は一号店の売上が落ちるのは避けられません。

それはそうでしょう。それまではもてるすべてのエネルギーを一号店に注入していたのに、それが二号店にも分散してしまったら、その分店のクオリティーが低下するのは当たり前です。

だからといって社長のからだはひとつしかないのですから、どうすることもできません。

こうして三号店、四号店と店が増えるにつれ、クオリティーは確実に劣化し、この社長は劣化を止めようと走り回っているうちに、当初の野心を忘れ、創造性を失い、ただただ疲弊していくのです。

一方、マクドナルドはどうでしょう。百店、千店と拡大していっても、クオリティーが失われることはありません。トヨタ自動車も、一台目より1万台目に出荷したプリウスのほうが、それだけクオリティーが落ちているなどということは考えられません。

つまり、マクドナルドやトヨタ自動車には、店舗数を拡大したり生産を増やしたりしても、クオリティーを劣化させない仕組みがあるのです。

たいていのベンチャー企業にはこの仕組みがないし、それが必要だという意識もない。だから、年商五億円の壁の前でつまずいてしまうのです。

それまでのやり方をすべて見直せ

年商五億円の壁を超えたいのなら、それまでのやり方を、いったんすべて捨てることです。なぜなら、それらはあくまで年商五億円企業をつくるために通用したことであって、年商五十億円、百億円企業を運営するには、また別の方法論が必要だからです。

一軒のレストランを繁盛させるなら、自分が先頭に立ってメニューを決め、徹底的に味にこだわり、内装や宣伝に工夫をこらせばよかった。

しかし同じクオリティーのレストランを五十軒つくりマネジメントするには、ゼロベースに戻ってどうすればそれが可能かというところから考えはじめ、新たな仕組みを再構築しなければなりません。これは厳然たる事実なのです。

社長はまず、いままで自分はこうやってうまくやってきたという意識を、あえてき

っぱり捨ててください。それが自分のプライドを傷つけ、将来に対する恐怖を引き起こすことになってもです。それに耐えられないような人は絶対に次のステージには行けないと断言しておきます。

日本のゲームメーカーを代表するハドソンは、商品の点数が増えすぎて、営業が自分のところで販売しているソフトのタイトルすべてを言えなくなったとき、社長の大英断で業務を三カ月停止し合宿研修を行い、全社員で会社の存在意義を確認し、組織をもう一度つくり直しました。社長をはじめとした経営陣が、意識も組織も従来の延長ではすぐに限界がくると気づき、再出発を図ったのです。そして生まれ変わったハドソンが、再び快進撃をはじめたのはご存じのとおりです。

スターバックスも最近、同じように全社員を対象にした研修を行ったときいています。その後、私のみたところ、各店舗での接客レベルは明らかに向上しました。

会社に現状維持はありません。常に成長していくことを求められるのが会社の宿命なのです。そして、成長段階に応じて最適な仕事のやり方やマネジメントの仕方も変わっていきます。いつまでも昨日のベストにこだわっていたら、それが成長の足を引っ張り、会社のクオリティーを劣化させるのです。

マニュアル化、システム化

「俺の仕事のやり方を、マニュアルなどで教えられるわけがない」

叩き上げの社長のなかには、そういう考えをもっている人が少なくありません。たしかにそういう側面もあると思います。しかし、そういういわば暗黙知の部分は全体のせいぜい一％、残りの九九％の仕事はマニュアル化できるのです。

「マニュアルになどしなくても、仕事は自然に覚えるものだ。現にみなそうしてきている」

こういう意見もよく聞きます。実際そうなのでしょう。ですが、それが可能なのは会社がまだ小さく、社員数が十数人のころだけです。五十人を超えるような大所帯になったら、「俺の背中を見て覚えろ」はもう通用しません。

以前、私はある会社から、売上不振が著しい営業部門のコンサルティングを依頼されました。私が驚いたのは、その会社の営業が、なぜかいつも社内にいることです。それで何人かをつかまえて、どうして新規開拓に歩かないのか聞いてみると、判で押したように「もし自分が席を外している間にお客さんから電話がかかってきたら、そのお客さんに迷惑をかけてしまう」という答えが返ってきます。

たしかに、彼らは朝からずっと自分の机にいて、お客さんから電話がかかってきたときだけ出かけていくのです。

それは、明らかに社長の責任でした。社長はもともとバリバリの営業マンで、お客さんを大切にするというのが自分のモットーであるということを、ことあるごとに社員にも伝えていました。

しかし、お客さんを大切するというのは具体的にどういうことなのかという肝心なことを、その社長は話をするときに端折ってしまっていたのです。

社長にしてみれば、そんなことはわざわざ言わなくてもわかると思ったのかもしれません。創業期から会社にいて、社長がどんなふうに営業しているかを身近に見ていた人なら、それはこういうことだと理解することができるでしょう。けれども、そういうことを知らない新しい社員にそれをわかれというのは無理というものです。

結局、お客さんを大切にするという言葉は社長の意図に反し、常時会社にいて呼ばれればすぐに駆け付けることというように解釈されてしまいました。それが売上激減の原因だったのです。

この会社が営業部を強化するには、営業の仕事は売上を上げることで、そのためにはこれとこれとこれをやらなければならない、そういうことをきちんとマニュアルにして誰もが実行できるようにし、後で述べる評価システムとともに提示する以外ありません。

会社が大きくなれば、社員のなかには理解力の低い人や、社長と意見の違う人も当然増えます。そしてそういう人たちが好き勝手に働けば、会社のクオリティーは当然落ちる。それを許さないために、こんなところまでと思うくらい細かいところまでマニュアル化できるところはしておくのです。くり返しになりますが、**マニュアル化できるなんてことは、まずは入り口です。重要なのはその先でしょう。だからこそ、マニュアルにできることぐらい実行できない組織には勝機はありません。**

同時に、社長はこのレベルのクオリティーを求めているという姿勢を、社員の前でアピールし続けることも忘れてはいけません。

第8章

年商5億円の「壁」のやぶり方

間接部門編

間接部門は、最小の人数で最大の効果を

間接部門というのは人事、総務、経理、法務などの、直接売上に関与しない部署のことです。

といっても年商五億円にも満たないベンチャー企業に、これらの部署を完備しているところはないだろうし、その必要もないでしょう。

なぜならこの段階ではまだ、社長は営業のことしか頭になく、売上が上がらない会社に未来はないわけです。また経営的にも会社のあらゆる資源を営業に注ぎ込むのが、最も効率がいいといえるからです。

しかし、年商が五億円に近づき、さらにその上を目指すとなると、間接部門は会社のなかで俄然大きな意味をもってきます。

営業や開発だけでなく間接部門の能力もまた、業績に少なからぬ影響を与えるようになってくるからです。

といっても、**間接部門にまで大量の人材を投入せよといっているのではありません。コスト・センターである間接部門は、会社が大きくなっても最小の人数にとどめるべきです。**せいぜい営業九に対し一でしょうか。

それよりも重要なのは、間接部門の人間が会社の業績に関与しているという意識をもつことと、与えられた役目を遂行できる能力をもった人間を間接部門の各部署に置くということです。

以下に、年商五億円を超える会社の間接部門の役割を挙げるので参考にしてください。

未来のための経理を

年商五億円未満の会社でも経理という業務は不可欠なので、経理部や総務経理部という形で社内に部署を設けているところはよくあります。

また、外部の税理士事務所に経理事務をアウトソーシングしているところもあるでしょう。

いずれにしてもこのクラスの経理というのは、決算のために帳簿を整理するというレベルであり、せいぜいどうすれば納税額をもっと少なくできるかということに知恵を絞っているにすぎません。

ところが、年商五億円以上になってなお節税や金融機関対策がメインだとしたら、それは経理失格です。

税金をもっと払ってもかまわないから、それ以上に利益を出すにはどうすればいいかを考えられる。あるいは今期どれくらいの金額を投資に回せるのかや、新規事業に必要な資金の調達の仕方を知っている。自社に有利な取引条件はこうと社長に提案できる。

求められているのはそういう攻撃的な経理なのです。

言葉を換えれば、**年商五億円未満の経理は過去の整理が目的ですが、年商五億円以上の経理は会社の未来のために存在するといっても過言ではありません。**

たとえば、マネーマーケットや直接金融に関する知識までは持ち合わせていなくても、銀行とタフな交渉ができる人が経理担当なら、他社が年利四％で借りているところを二％の金利にするということもやってくれるでしょう。そういうことができる経理と、何が経費で落とせて何が落ちないなどとやっている経理と、どちらが会社にとって貢献度が大きいかいうまでもありません。

社長のなかにも、節約のために会議室の電気を半分にしろとか、コピーには使用済みの紙の裏を使えとか、そういうことばかりうるさくいう人が多くいますが、正直、そういう考えで年商五十億円、百億円以上の会社を経営するのは難しいといわざるを得ません。

そんな節約で減らせるコストはたかが知れています。

それよりも社長なら、どうすれば利益率を一％上げられるかにその情熱を使うべきなのです。

年商五億円の会社で年間一％といったら五百万円です。どんなに会議室や廊下を暗くしても、電気代の節約でそれだけの金額を捻出することはできません。

コピー用紙にしたって同じです。逆に見積書の裏にコピーをして、そこから情報が漏れたりしたら、下手をすれば何年分もの利益が吹っ飛んでしまうことだってないわけではない。そうなったら何のために節約をしたのかわからなくなってしまいます。だから私は自社の社員には、使用済みの紙にコピーすることを固く禁じています。

節約をするなとはいいませんが、社長はどうすれば原価率を一％下げられるか、売上を一％アップできるかを考えるべきであり、そのためのパートナーが経理でなければならないのです。

人事は社員への最大のメッセージ

人事でもっとも大切な仕事は、報酬システムの構築です。

会社に対してどういう貢献をしたら、これだけ給料や賞与に反映されるということが明確だから、社員は安心して頑張ることができるのです。

反対に、何に対して給料が上下するのかわからない、あるいは隣の席の人間より自分のほうがなぜ五万円低いのか納得できないという状態だと、社員は会社からいったい何を評価されているか理解できないので、モチベーションの上がりようがありません。

つまり、**報酬システムというのは、会社は君たちにこんなことを期待しているという最大のメッセージなのです。これ以上のメッセージはありません。**

ともすれば、社長は日々何千万、何億円というお金を動かしているので、社員の賞与が五万円多かろうが少なかろうが、そんなことはたいしたことではないと思っているかもしれません。

しかし、社員にしてみれば、五万円あれば家族で旅行にも行けるし、家のローンの返済にも充てられる。決して小さい金額ではないのです。

裏を返せば五万円でも、五千円でも社員にきわめて強い影響力のあるメッセージが送れる。だから報酬システムは慎重に構築しなければならないのです。

会社の支払うコストのなかでは、通常、原材料費、仕入原価を除く最大の支出が人件費なのですから、それをただ支払っていたのではもったいないではありませんか。

給料や賞与の明細を見て、自分のここが足りなかった、この部分が評価されたと一人ひとりの社員が理解できる報酬システムをつくるのは簡単なことではありません。しかし、このシステムの精度が高ければ、それだけ社員は無駄な動きをしなくなるので、生産性が高まります。

人事の能力もまた会社の業績に深くかかわるというのがおわかりでしょうか。

法務で自社をプロテクト

間接部門のなかで、これからとくに重要性が高まっていくといったら、それは法務かもしれません。

これまで訴えられたこともないし、これからも考えられない。法律の専門家が必要なのは契約書をつくるときくらいだが、それもその都度外部の弁護士にお願いしているので、社内に法務部など必要ない。

法務に関する多くの社長の意識は、おそらくこの程度のものでしょう。しかし、この認識は明らかに間違っています。

まず、外部の弁護士に最初から契約書の作成を任せるというのが、私にいわせれば問題外です。弁護士というのは法律のプロですが、ビジネスのプロではありません。

ビジネスの切った張ったは、ベンチャー企業の社長の本業でしょう。彼らは法律の専門家なのです。

だから、弁護士に最初から契約書をつくってもらうと、法律的には正しくても、こちらの利益を最大にしてくれる、あるいは起こりそうな危機から会社を守ってくれる、かゆいところに手が届くような、本当に自分たちが望んでいるものはまずできあがってきません。

どうすればいいかというと、**まず自社でシナリオを描き、それに見合った契約書の下書きを作成し、最後にそれが法律上正しいかチェックするために弁護士に確認してもらうという順序が正解であり、社内にそれができる体制をつくるべきなのです。**

それから、いままで訴訟の対象になったことがないから、今後もその心配はないというのは、いささか楽観的すぎます。

出る杭は打たれるではありませんが、会社が大きくなれば、当然多くの会社から標的にされます。とくにいまの時代はどこの企業も、特許や知的財産権などにはきわめて敏感です。

そして、もし社内に法務部門をもち完璧な戦略を練ってきた企業に訴えられたら、外部の弁護士だけでは太刀打ちできないでしょう。

そして、敗訴ということになれば、莫大な特許料の支払いで、年商五億円程度の会社は簡単につぶされてしまいます。たった一度の敗訴で、健全な会社がいっきに潰れてしまうのです。

アメリカの会社が、どんなに小さくても必ず顧問弁護士を付けているのは、訴訟社会のそういう怖さを知っているからです。だから、それ以上を目指すなら社内に法務部門を持つのは当然のことです。

自社をプロテクトする、法務の目的はこれにつきます。

第9章

年商5億円の「壁」のやぶり方

経営者編

社長に必要な資質

ベンチャー企業を起こして成功する第一条件は営業力です。

いくら企画力や創造力があっても、自分のつくった商品やサービスを営業し販売する力がない人がうまくいく確率は、かぎりなく低いといえます。

いいものをそこに置いておけば誰かが来て買ってくれるなどということはありません。どんなものも自分の足で売りに歩かなければ、絶対に売れはしないのです。

しかし、営業力がいちばん大事だといっても、それだけでは年商五億円が限界だという話は、すでに本書でも何度もしてきました。五十億円、百億円を売り上げる会社の社長になるには、営業力以外にもさまざまな資質が必要です。

この社長に必要な資質というのは、これまで2~8章で述べてきた、組織づくり、コミュニケーションのとり方、マネーマーケットやM&Aの知識、間接部門の構築といった年商五億円の壁をやぶるために必要なことよりも、もっと根底にあるものといってもよいかもしれません。

ここではその代表的なものを挙げていきます。

ただし、これらのいくつかの資質が欠けているから、自分に年商百億円の社長は無理だとあきらめることはありません。自分には何が足りないのかを知り、さらにそれを獲得するよう努力すること、それを補う人材を確保することが大事なのです。

たとえいま、ここで挙げる資質が身に付いていなくても、普段から社内・社外でこれらの資質を意識した振る舞いをすれば、このさきの会社運営に必ずプラスになるでしょう。そして、そういう社長の振る舞いを社内の人間に見せることで、会社組織がより強化されることにつながります。

用心深さ

「成功の見込みが九〇%だったので社運を賭けて勝負したのにうまくいかなかった。まったく俺はなんて運が悪いんだ」

会社を倒産させてしまった社長に話を聞くと、こういうことをいう人がたまにいますが、こんな言い訳を真に受けてはいけません。

彼の失敗の原因は運の悪さではなく、九〇%の成功確率に社運を賭けてしまう浅はかさにあったことは明白だからです。

成功確率が九〇%のビジネスに年間二回社運を賭ければ、その会社は五年で消滅してしまいます。そんな危険な賭けが平気でできてしまうという時点でその人は、社長に向いていないといわれても仕方がないのです。

逆に、**成功している社長は、みな非常に用心深い性格をしています。**旧知のソフトバンク孫正義社長も、九〇%の成功率では絶対に新しいことに手を出しません。考えに考えて恐る恐る行動を起こすくらい慎重です。

それだけ用心深くても、手掛けたいくつかの事業は失敗している、それがビジネスなのです。

用心深いというのは、事を起こす前にあらゆる可能性を徹底的に考えるということでもあります。

ただし、考えに考えやると決めたら、怖くてもそれを顔に出さず絶対に成功させてみせるという意気込みで、一歩を踏み出す勇気も社長には必要です。

中途半端に考えすぐに見切り発車してしまう人も、臆病で何も始められない人も、ともに社長の器にあらずということです。

決めたらぶれない

ぶれるリーダーの下では組織がまとまらないというのは、ここ何代かの日本の総理大臣の顔を頭に思い浮かべれば、すぐに理解できるはずです。

人に何か言われて右に左に揺れ動くような社長では、部下の信頼を勝ち取ることはできません。思いつきで行動を起こす人も同様です。

決めるまでにはどんなに慎重になってもいい。しかし、いったん決めたら最後までやりとおすのです。

社長はやるといったら必ずやる人だ。普段から社員にそう思われているなら、いざというときにも社員は必ずついてきます。いつ前言を翻すかわからない社長についてくる社員はいません。

また、自分では決められないので総意で決めるというのも、社長のとるべき姿勢ではないといっておきます。オープン・ディスカッションはどんどんすべきだし、そこで自分よりいい意見が出てくればそれを採用するのもいいでしょう。けれども、最終的な決定者は社長でなければなりません。なぜなら、会社の経営に最終的に責任をもつのは社長だからです。

人の意見をまとめてその総意を最終結論にするという考え方は、自分は結論を保留し誰のせいでもない結論を採用して、責任の所在を不明確にするという事と同義です。

つまり、自分で考えることを放棄しているのです。こういう人物はこれから大きくしていかなければならない会社の社長として全く不向きです。大事なところで決まらない、決まるのに多くの時間がかかる、決定がすぐブレる。そんなトップが会社を引っ張れるでしょうか？

誰の意見が発端でも構わないが、必ず社長が最終判断し意思を持って決めることが重要です。みんなの意見をとりまとめただけ、平均値をとっても成果が上がるとは考えられません。

先見性がある

毎朝出社すると、新聞を五紙も六紙も丹念に読む社長がいますが、ご苦労なことです。私は新聞に書かれているような情報や、即時的かつ網羅的な知識は、経営にあまり役に立たないと思います。

大体いまはインターネットと速い回線があれば、どんなことでも三十分あれば調べられるのですから、情報や専門知識をもっていることに昔ほど価値も優位性もないのです。

それよりも、社長に必要なのは先を見通す目＝先見性ではないでしょうか。

たとえばiPadのスペックを知っているより、五年後、十年後のコンピュータがどうなっているのかを語れる、こういう社長ならたとえコードが一行も書けなくても、エンジニアから信頼されるのは間違いありません。

かくいう私も書けないし、スティーブ・ジョブズだって自分でプログラミングなどできないはずです。それでもこういうものをつくれとエンジニアに指示を出し、エンジニアはその指示に従う。それは、その指示が的を射ているからでしょう。そして、そういう指示を出せるのは、その会社で社長が誰よりも未来を正しく見ているからにほかなりません。

では、そういう先見性を身につけるにはどうしたらいいと思いますか。

答えは、〝考える〟。

この技術は今後どうなっていくか。こんなことができるようになるのではないか。そういうことを、時にはエンジニアとミーティングをしたり、専門書を繰ったりしながら、どこにも書いていないことをひたすら考える。これが先見性を獲得する唯一の方法なのです。

だから、社長というのはいつも考えていなければなりません。新聞をのんびり読んでいる暇などないはず。

約束を守る

約束を守らない人は信用されません。

これは社長にかぎらず社会を構成するすべての人にあてはまります。とくに社長が約束を守れる人かどうかは、常に全社員が注目しています。

そして、もし〝この社長は約束を守れない人だ〟と判断されてしまったら、それは社長が信用を失うだけにとどまらず、約束を守らなくてもいいのだという文化が社内に醸成されてしまうのです。こうなると、社員のモラルが下がり、やがてそれは会社全体が対外的な信用を失墜するということにつながっていきます。

よく、会社の利益を守るためには前言撤回もやむを得ないという人がいますが、そのことによってこれから先にその会社が被るであろう損失を考えたら、約束を守らないのは明らかに損なのです。よく考えて、デシジョンすべきでしょう。

私はかつてある大手の流通会社から、私のところが卸した商品が思いのほか売れなかったので買い取ってほしいといわれたことがあります。

不良在庫を買い取るという契約は交わしていなかったので、突っぱねることもできたし、訴訟になってもたぶん私が勝ったでしょう。

でも、私は数千万円を支払ってその在庫を引き取りました。商品を卸すとき、私はその流通会社の社長に「これくらいの数は必ず売れますよ、ダメなら引き取ります」と啖呵を切っていたことを思い出したのです。

その社長が、そのときの私の言葉を覚えていたかどうかは定かではありません。しかし、そんなことは問題ではない。たとえそこで数千万円をロスしようが、坂本はどんな約束も守る男だということを周囲に知らしめることのほうが、長い目で見たら自社にとってプラスなのは明らかじゃないですか。

お金の損失はあとでどうにでもなりますが、一度失った信用を回復するのは容易なことではありません。社長はこのことを誰よりもわかっておかなければならないのです。

社員に誠実

会社が少し大きくなってくると、強権的になって周囲にイエスマンをはべらせ、社員に社長批判を禁じるようになる人がたまにいます。

いわゆるカリスマ性のようなものに憧れているのでしょう。

けれどもそういう社長のいる会社が市場で競争力を発揮している例を私は知りません。

優秀な経営者というのは、私が知るＣＳＫの故大川功氏にしても、大塚商会の大塚実氏にしても、ソフトバンクの孫正義氏にしても、マクドナルドの原田泳幸氏にしても社員の声に実によく耳を傾けるし、社員と一緒の時間を過ごすことを厭いません。

私がこの四人に感じるものはいわゆる独裁者的なカリスマ性ではありません。むしろ誠実さです。社員から愛され、信頼されていたということはよくわかります。

トップに求心力は不可欠です。

そして、その求心力というのは、社員に対する誠実な振る舞いゆえに生まれてくるのだと思います。カリスマ社長だから、偉そうにみせているから社員がついてくるなどということは、勘違いも甚だしいといえるでしょう。

極端ないい方をすれば、社長は社員に尊敬されなくてもいい、そんなに敬意を払ってもらわなくても全然かまわないのです。

私だって社内のオープンディスカッションに参加すると、社員からコテンパンに言われることがよくあります。時には、そこまでいうかという気持ちにならないこともありませんが、でもそれでいいのです。

「ウチの社長はちっとも社長らしくないけれど、僕らは社長のことが好きだから、社長が困っているときは僕らが頑張って助けてあげよう」

別に崇め奉られなくても社員がこう思ってくれたらそれで十分じゃないですか。

そして、それには、**自分のポリシーを曲げないし、口にしたことは絶対に実行するという姿勢を常に崩さないことと、社員に対し誠実に振る舞うことの二つを忘れなければいいのです。**

競争の水準を示せる

人間は、ただ頑張れといわれただけでは、頑張ることはできません。無制限に頑張れというのは、頑張らなくていいといっているのと同じだと思ってください。

ライバルはここまでやっている、だから自分たちはさらにこのレベルまでやれば相手に勝てる、リーダーがこういう具体的な競争の水準を示すから、思う存分力を発揮することができるのです。

どんな業種においても、頑張るべき競争の水準を論理的かつ正確に示すことができるというのは、社長のかなり重要な資質のひとつです。

高校野球の監督でも一流の人は、ただピッチャーに毎日三百球投げ込めというような指導はしません。「お前は球威はあるが制球が悪い。甲子園に行くには、十球のうち七球は狙ったところにいくコントロールが必要だ。フォームが安定すればその制球力はつく。予選まで毎日正しいフォームで三百球投げ込め」と、根拠と水準を具体的に示すことができるから、一流と呼ばれるのです。

ところが二流の監督は、力で選手を従わせようとします。それでは監督がにらんでいる間はまじめにやっても、いなくなればすぐに手を抜こうとする選手が続出するはずで、そんなチームが強くなるはずがありません。

選手だって強くなりたいし、勝ちたいに決まっています。だから、監督がここまでやれば勝てるという競争の水準を教えてやれば、勝手に頑張りはじめるのです。

そして、これは会社もまったく同じだといえます。競争の水準を示せることが、名監督ならぬ名経営者の絶対条件なのです。

自分より能力がある人を使える

年商五億円の会社なら、社長は自分より能力のある人が使えなくても、さほど問題はありません。なぜならその会社には、社長以上の能力の持ち主がいないのが普通だからです。

ところが会社をさらに成長させて、年商五十億円、百億円にするなら、自分に匹敵する、あるいは自分以上に能力がある人を集め、彼らに気持ちよく働いてもらわないと無理です。

とくに、自分がずっとお山の大将でやってきた人は、自分より能力がある人を恐れる傾向があるので、要注意。心あたりがある人はその気持ちを最初に捨てておいてください。

それから、自分の能力を見せつけておかないと、優秀な人間にいうことをきかせることはできないと思っている人がいますが、そんなことはありません。

織田信長は明智光秀、豊臣秀吉、徳川家康を従えていましたが、それはその三人が信長の強さに屈服したからではないでしょう。それは信長も強かったでしょうが、刀を持って戦ったら誰がいちばん強いかなんて誰もわからなかったと思います。

では、なぜそのなかで信長が残りの三人を従えることができたのでしょう。要するに、信長というのは光秀、秀吉、家康といったリーダーを使いこなす、もっといえばリーダーたちに、この人のためなら命を捨ててもいいという気持ちを起こさせる、そんな「メタ・リーダー」としての才能があったのです。

ではメタ・リーダーになるにはどうしたらいいのか。

強烈なリーダーシップは要らないし、他のリーダーたちの前で強さを誇示する必要もありません。

たとえそれが自分と異なっていようが、相手の価値観を尊重する、自分は決して偉そうな態度をとらない、そして、自分よりもリーダーたちが働きやすい環境は何かということをひたすら考え、それを用意するのです。

また、価値観を尊重するといっても、ビジョンや方向性は同じでないと組織の統一性が保てないので、そうでない人はどんなに優秀であっても仲間に加えるべきではないということも付け加えておきます。（拙著「頭のいい人が儲からない理由」講談社刊参照）

とにかく、トップが〝俺が俺が〟では、有能な人材は付いてきません。全体としてはリーダーシップをとるけれど、その下に自分の分身として活躍してくれる有能な人材が一定数いないと、総勢五十人以上から成る大組織を思うように動かすのは不可能です。

つまり、年商五億円を超えたら、社長は魂を入れ替えなければならない、そういう覚悟をもちなさいということです。

自分より能力がない人を使える

会社に優秀な人間は必要ですが、優秀な人間だけを集めるのは現実的ではありません。それに、失礼ながら、会社にはそれほど能力が高くなくても務まる仕事はたくさんあります。

そして、そういう仕事を喜んでやってくれる人もいないと、会社は機能しないのです。

だから、自分のようにうまくできない人を使うのが苦手だなどといっていたら、その人は会社が大きくなるほど苦労することになります。

自分より能力がない人にも気持ちよく働いてもらうコツは、社長がどんな人とも分け隔てなくコミュニケーションをとることです。

社長が現場の人間とも酒を飲み、話もちゃんと聞いてくれるなら、社員たちも「この社長は決して幹部だけを大事にしているのではない。自分たちのことも大切に思ってくれているのだ」という気持ちになります。そうすれば誰だって、この社長のために一生懸命働こうという気になるというものです。

もてる力のすべてを惜しみなく出してくれるなら、どんな人でも間違いなく会社の戦力になります。また、成果を上げればプロモートされるのだということもちゃんと示しておく必要があります。

それに、それまで成績の振るわなかった人が、何かのきっかけでひと皮むけて次々と成果を上げるようになったり、くだらない意見しか言わないと思っていた部下から、突然素晴らしい提案が出てきたりするようなことも少なくないのです。

そういうことを知っているから、できる社長はどの社員にも平等に接するし、社内のどんな声にも真摯に耳を傾けるのです。

二十四時間仕事のことを考えられる

年商五億円の会社を、年商五十億円、百億円にするというのは並大抵のことではありません。だから二十四時間三百六十五日仕事のことだけ考えて過ごすのは当然だし、それが勝つための社長の水準なのです。

そして、そうやって働く社長の姿を見ているからこそ、社員もまた「社長があそこまでやっているのだから、せめて自分もここまではやろう」というように、自分の働く水準を高く設定するのだといえます。

毎晩銀座や六本木に飲みに行って、女性をはべらせていい気になっていながら、社員にもっと働けといったところで、社員は働いてくれません。私もよく飲みましたが、よく仕事もしました。

いつもいつも仕事のことばかり考えていられないというならその人は、しょせん社長の器ではないのです。

ビル・ゲイツもスティーブ・ジョブズも孫正義も、四六時中仕事のことしか考えていないでしょう。そして、それを当たり前のことだと思っているはずです。

起業家というのはどんなに事業が成功し会社が大きくなっても、これで満足という気持ちにはならず、いつもどこかで不安を感じている、だから仕事のことが片時も頭から離れない、そういうものなのです。

ましてや、年商五億円程度の会社なんて、現実に社長がひとつミスをすれば簡単にこの世からなくなってしまうというのに、社長が仕事以外のことに時間やエネルギーを割いていたら、そのほうが異常だと私は思います。

ワークライフバランスを大事にして、残業はなるべくしない。土日は必ず休養をとる。そういう働き方が好きな人は、そもそもベンチャー企業の社長には向いていません。

教養がある

知識や情報は必要ないといいましたが、教養は社長には不可欠です。教養があれば初対面の人や外国人とでもすぐに会話ができますが、教養がないと共通の話題がないので、その分ビジネスチャンスが狭まってしまいます。もちろん、広い視野から判断できればデシジョンの精度が上がります。

技術系出身の社長は、時間をとって人文系の教養を身につけておく、これは将来への投資だと思ってぜひやってください。

いちばん簡単にできるのは読書です。一日一〜二冊読んで一年間で五百冊、三年間で千五百冊。これだけ読めば歴史、経済、哲学、社会学などのだいたいの基礎は身に着くと思います。

逆に、文系の出身者は技術のことも興味を持って簡単な雑誌や啓蒙書を読んでみたらいいでしょう。

よくたたき上げの有名な社長がへりくだって、〝私は学歴もなく、教養がないから〟とおっしゃいますが、現実にお会いして話をうかがわせていただくと、たいていその教養の深さに感銘を受けます。中学しか出ていないといわれる方でもそうです。

それから、外国の方と会うと必ず日本の歴史や、その国の歴史の話になります。自国の歴史さえ知らない社長は、対等に商売してもらえないのではないでしょうか。

また、西欧の人と一緒に旅行すれば、お寺に掛かっている掛け軸の漢詩の意味を聞かれます。そのとききちんとした受け答えができれば、その人はビジネスのパートナーにふさわしい教養の持ち主だと判断されるでしょう。そうすれば、この社長の扱っている商品だから信用できるに違いないと相手は思ってくれる。仕事とはそういうものなのです。

社長に学歴がないことはハンデではありません。東大卒でもほとんどメリットはないでしょう。しかし教養がない社長が率いる会社は、それだけで一歩も二歩も出遅れていると思って間違いありません。教養を身につけることです。

有能な秘書を雇う

これは社長の資質とは関係ありませんが、ぜひ実行してみてください。

社長は二十四時間三百六十五日会社のことを考えていても、まだ時間が足りないのが普通です。そこで秘書を雇って、スケジュール管理や航空券の手配などの諸雑務は、そのいっさいを秘書に任せてしまうのです。

秘書が有能なら、自分の時間は確実に倍になります。それをそのまま社長としての仕事に使う、それで会社の業績が上がれば、秘書一人や二人分の給料を払っても十分お釣りがきます。

ついでにいうなら、秘書にワイシャツのクリーニングを出してくれるよう頼むようなことまでしてもかまわないと私は思います。もちろん悪い意味での公私混同は厳に慎まなければなりませんが、これはパブリックでこれはプライベートと厳密に分けるより、一分一秒でも仕事のための時間を捻出するほうが重要なことだからです。

独身なら、たまには彼女とデートもしたいという気持ちもわかります。私は、お客さんとの会食のとき近くの店に彼女を待たせておいて、会食が終わったらすぐにかけつけ、その後また会社に戻るというふうにしていました。

そうやって工夫して会う時間をつくるのです。ただし、〝彼女が大事だから仕事は後回し〟では年商五億円の壁を超えるのは無理です。よく聞く話ですが、社長が週何度か就業時間中に、うまく時間を作ってジムに行って汗を流しているという。長期戦では健康管理も重要な一面なので、いいやり方だと思います。

それから、業界の役員になったり、テレビに出たりといったことも、会社の業績アップに直接つながるものでないかぎり、やめたほうがいいでしょう。その時間を仕事につぎ込むのです。

どうすれば年商五億円を五十億円や百億円にできるかだけを考え、考えたことを実行できる人だけが、その場所に立つことを許されるのです。

エピローグ

資本金二十五万円の学生ベンチャー

ここまでの章で、年商五億円の「壁」のやぶり方について述べてきました。これは私自身の経営の歴史から紡ぎ出された考え方です。その初期〝歴史〟を少しだけ公開し、エピローグとしたいと思います。

私がサムシンググッドを立ち上げたのは一九八二年ですから、いまからおよそ三十年前になります。

後にNINJAシリーズ、ＡＩシリーズ、筆王など数々のソフトウェアを世に送り出し、日本のパソコン黎明期に大きな足跡を残すことになるのですが、スタートは資本金二十五万円の学生ベンチャーでした。ちなみに孫正義氏がソフトバンクをつくったのもこの年です。

この会社、社名が示すように「何かやって金儲けをしよう」という程度の軽い気持ちでつくったというと、坂本はいつも「目的もなく起業しても成功しない」といっているくせになんだと怒られそうですが、そのあたりは若気の至りということでご勘弁ください。もちろん、人にはおすすめしません。

ただ、当時世に出始めたコンピュータ関連の事業をやりたいとは思っていました。それで、資本金で最初にパソコンを買ったのです。

立ち上げから数年は非常に順調でした。なにしろ売上が、倍々ゲームどころか毎年ひと桁ずつ増えていくのです。

高円寺の四畳半のアパートに、十人の貧乏学生が集まって始めた会社は、わずか三年で新宿のビルのワンフロアを独占し、年間三億円を売り上げるまでになっていました。

急成長の要因は、なんといっても大手企業との取引です。

私は、学生ベンチャーだから下請けの下請けといった小さな仕事しかできないなどとは最初から考えもしませんでした。大手企業だってこちらの提案にメリットを感じれば、弱小企業だろうが仕事を出さないはずはないと踏んで、東芝やソニー、日本鋼管などに直接企画書を送ったのです。

最初に取引先として口座を開いてくれたのはソニーでした。そのころソニーの出していたＳＭＣ70という8ビットパソコンは、高い能力を誇りながら、売上ではＮＥＣのＰＣ８０００シリーズにかなり水をあけられていました。

そこで、「ハードウェアを売るためには魅力あるソフトウェアが必要だ。大学のマイコンクラブをネットワークできて、制作能力もある自分たちがキラーアプリケーションをつくるから取引してくれ」と提案したところ、それが受け入れられたのです。

ソニーとの契約が決まってからは、途切れることなく入ってくる仕事をひたすらこなす日々が続きます。電気はひと晩じゅう消えず、朝出社するとフロアのいたるところに人が倒れて眠っているのが当たり前の光景になっていました。

優秀な人材が動かない

仕事がどんどん入ってくるので、すぐに開発の手が足りなくなります。それで大学の学生課に行ってアルバイトを集めてくるのです。

ソフトウェア開発は人気があったので、他社より少し高い時給にしておけば、学生はいくらでも集まりました。あと優秀な学生には必ず友だちを紹介してもらう。類は友を呼ぶというように、優秀な学生は同じように優秀な学生を連れてきてくれます。

しかし、売上が三億円を越えるころから、ソニー以外のところからくる仕事が目立って増え、さらにパッケージソフトの制作も始めたため、社長の私にもいま会社がどういう状態なのか把握できなくなってきました。

そこで、社員を組織化することにしたのです。ところが、それをやった途端、会社のパフォーマンスが下がり仕事が滞るようになってしまいました。最初に組織図をつくり、そこに人を当てはめるというミスをやってしまったのです。

受託開発、パッケージソフト、マーケティング……と必要な部署を先に書き出し、そこにその分野の仕事をしている人間を割り振っていって、社内に人材がいなければヘッドハンターに依頼して外からスカウトしてくる。これで会社はより機能的に動くようになるはずなのに、なぜかそうはなってくれないのです。

しばらくして、優秀なエンジニアが必ずしも仕事のできるマネジャーになれるわけではないのだということにも気づきましたし、まず、マネジャーを任せられそうな人材を社内からピックアップし、次に、彼らに合わせて組織をつくるというふうに発想を転換しました。

たとえば、彼はコードは書けないが、エンジニアからも信頼されているから開発部長を任せる、彼に営業部長をやらせてみたら管理能力があることがわかったので、今度はマーケティング部長になってもらうという具合です。人に合わせて組織を考え、これでようやく組織が機能するようになりました。以後、人材優先、人に合わせて組織図をつくるというのが私の組織づくりの基本になっています。

大手術をして会計システムをつくる

年商が三億円を越えたころ、取引先の銀行が税理士を紹介してくれました。二億円の利益を出しても、そのうち一億円を税金に取られている私たちをみて、気の毒に思ったのでしょう。

たしかにその税理士は、節税のための適切なアドバイスをしてくれました。

しかし、それだけのことです。私はそれをあまりありがたいとは感じませんでした。とにかく、お金の動きを複雑にして、税務署に読まれないようにする。納税額を減らす。それでは、社長としても何が何だかわからなくなってしまう。

つまらない話ですが、たとえば会社に新しいコピー機を入れるとき、支払いに関して現金で買う、レンタル、リースの三つの選択肢があったとします。このとき税理士は、どれでも経理上は問題ないので好きな方法を選んでくださいというのです。私がうまく処理しますと。

でも、私にしてみれば、今期は運転資金が少ないのでレンタルにすべきとか、レンタルよりリースのほうが年間でこれだけ支払いが少なくてすむとか、そういう未来のための前向きなアドバイスをしてほしいのです。

しかし、税理士というのはそういうことはしてくれない。結局彼らの仕事は後処理なのです。もちろん、それが彼らの仕事なのですが、会社の経営としては未来の役に立てたいのです。

ただ、そんな税理士に不満を抱きながらも、私自身は経理部門の強化もしないまま、ひたすら売上を伸ばすことに血道を上げていました。

そして、ついに最悪の事態が、私が海外旅行に行っている間に起こります。

旅行先のエーゲ海のホテルに、一カ月後に資金が二億円ショートするという連絡が入ったのです。20ページにも及ぶ数字だけのファックスが送られてきました。

たしかに、数年前から取引先の数も増え、それぞれ支払いサイトも違うので、月末にいくらお金が必要かや、向こう半年間でどれくらい投資に回せる余裕があるのかといったことが、社長の私にもよくわからなくなっていました。お金の出入に関しては、ほとんど勘だけで運営しているようなものだったので、このままではとんでもないことになると、心のどこかで思っていたのです。社員にも、経理をわかりやすくしてくれとオーダーを出していました。

それにしても旅行に行く前に十億円の増資をしたばかりだったので、なぜこうなるのか私にはまったく理解できませんでした。

そこで、帰国後すぐ外部のコンサルティング会社を入れて、これまでのお金の流れを一から洗い出し、ゼロから会計システムをつくり直す作業に着手したのです。同時に経理部も、決算や納税ではなく経営のためのものにつくりかえました。

大手術でしたが、これをやったおかげで会社の体力は確実に上がりました。

最初のころは目の前のお金の出入りだけを見ていればいいと思っていても、いずれ会社が大きくなれば、それだけでは黒字か赤字かすらわからなくなるのは必至。これでは安心して本業に集中することもできないし、競争にも勝てません。

できるだけ早い段階で、管理会計システムを導入し、最低でも試算表や資金繰り表をつくれる経理部を社内に置くべきです。

社長、トイレ掃除をしてください

当時、会社のトイレ掃除は社長である私がやっていました。そういうみんなの嫌がる仕事は社長がやるものだと、そのころは思っていたのです。

そうしたら、ある日ひとりの女子社員からこう言われ、思わず言葉を失ってしまいました。

「社長、もっとトイレ掃除を頻繁にやってください」

トイレが汚いと、来客者から自分たち女子社員がだらしがないと思われてしまう。トイレ掃除は社長の仕事なのだから、もっとしっかりやってほしいというわけです。

それからしばらくして、今度は秘書の送別会で、退社が決まった彼女からこんな話を聞きました。

女性の新入社員が配属されると、最年長の女子社員がその子を呼び出し、

「あなたが仕事をしすぎると、他の女性社員があまり仕事をしていないように見える。それが迷惑なので、あまり仕事をしないでほしい。わかるでしょ」

と釘を刺すというのが、数年前から秘書室で伝統のように行われている。

トイレ掃除をしてくれている人に感謝はしても、自分たちがどう思われるかを気にして、もっとしっかりやれというメンタリティーを私はもっていません。

ひとりが仕事をしすぎると、周囲が迷惑するというのは、私が最も嫌いな考え方です。

たかだか五十人くらいしかいない会社なのに、すでにそういうことがわからない社員が何人もいるということに、ショックを受けました。私もまだ二十代でした。私の考えや意見などとくに何もしなくても自然に社員に伝わっているに違いないというのは、思い込みにすぎなかったのです。

それに、社長はこちらに進みたいのに、別のベクトルに沿って仕事をしている社員がいるというのは、会社がものすごくロスをしているということにほかなりません。

この段階で会社が一体感を失ったら、これ以上の成長は望めません。

そう思って他の会社をみてみると、なるほど年商五十億円、百億円を達成しているところは泥臭いようですが、社是があったり、社内報を発行していたり、社長の語録を冊子にしたりと、それまで私が気づかなかっただけで、コミュニケーションにものすごく力を入れているではありませんか。

そこで、私はホテルに全社員を集め、会社の設立の経緯や存在意義、目指す地点などを四時間にわたり説明したのです。その後も社員との食事会や意見交換会など、できるだけ社員とのコミュニケーションに時間を割くようにしました。

もちろん、そうしたからといってすぐに風通しがよくなり、社内がひとつになるなどということはありません。

しかし、時間はかかってもやり続けなければ一体感は生まれないし、価値観の共有はできないのです。

初期のころは一匹狼の集団のように思われていたサムシンググッドは、いつからか最強の軍団と周囲から呼ばれるようになりました。地道な努力は必ず実を結ぶのです。

今回は、以上で私の話はおわりにします。

ことほど左様に会社の成長段階での苦労は尽きないということです。

これまでのいくつもの経営実践の智慧が、この本には詰まっていると信じています。

読者の方が関わる企業において、「創業五年、年商五億、従業員五十人」を「壁」と感ずることなく、スムーズに次のステージに進むための指針になることを心より願っています。

【著者略歴】

坂本桂一（さかもと・けいいち）

㈱フロイデ会長兼シニアパートナー、事業開発プロフェッショナル、山形大学客員教授。1957年京都市生まれ。東京大学在学中の1982年にコンピュータソフト制作会社㈱サムシンググッドを設立（「筆王」「AI将棋」などのソフトウェア事業。最大時、連結で年商100億円前後）。以降、日本のITビジネスの黎明期から牽引役として活躍。アドビシステムズ㈱（当時社名アルダス㈱）を設立しページメーカーをはじめて国内に独占契約で導入、日本のDTP市場をゼロから創造した（現在年商数百億円程度…日本国内売上想定換算）。ソニーSMC70、シャープX68000、WINDOWS3.0J、プレイステーション等の開発に深く携わったほか、インターネット上の電子決済企業である㈱ウェブマネーはそのビジネスモデル構想、戦略構築段階から中心として関わり、インターネット通貨の事実上のスタンダードを獲得、JASDAQ NEO上場を果たす（現在、年商4-500億円程度）。また、家庭用ゲーム機及びパソコン用ゲームソフトの企画、開発、販売を行う㈱アルファ・システムや、ソフト流通の㈱ソフトウィング（年商約150億円の際、東証一部上場企業カテナに売却）、ほか数十の企業を創業し各企業の代表、会長に就任。うち数社を年商数百億ビジネスに育て上げる(以上すべて、現在は退任)。現在は数々のビジネスを成功に導いた実業家経験を元に、大手上場企業における戦略ビジネスの構想や、老舗企業における新規事業立ち上げ、事業再生などハンズオン型コンサルティング活動を行っている。専門は、新規事業創出、ビジネスモデル構築、M&A。主な著書に『新規事業がうまくいかない理由』『新規事業・成功の〈教科書〉』（共に東洋経済新報社）などがある。

年商《ねんしょう》5億円《おくえん》の「壁《かべ》」のやぶり方《かた》

2010年7月11日　初版発行
2010年8月26日　第2刷発行

発行　**株式会社クロスメディア・パブリッシング**
発行者　小早川 幸一郎
〒150-0001　東京都渋谷区神宮前2-13-5 第6渡辺ビル
http://www.cm-publishing.co.jp

発売　**株式会社インプレスコミュニケーションズ**
〒102-0075　東京都千代田区三番町20

■ 本の内容に関するお問い合わせ先 ……………… クロスメディア・パブリッシング
TEL (03)5413-3140　FAX (03)5413-3141

■ 書店・取次様のお問い合わせ先 ……………… インプレスコミュニケーションズ
TEL (03)5275-2442　FAX (03)5275-2444

■ 商品の購入及び乱丁本・落丁本のお取り替えに関するお問い合わせ先 ……… インプレスコミュニケーションズ　カスタマーセンター
TEL (03)5275-9051　FAX (03)5275-2443

カバーデザイン　渡邊民人（タイプフェイス）
カバーイラスト　ぼるか　須山奈津希
本文イラスト　ぼるか　村山宇希
本文デザイン　都井美穂子

印刷　株式会社文昇堂／凸版印刷株式会社
製本　誠製本株式会社

ISBN978-4-8443-7101-4 C2034